옐로우 큐의 살아있는 박물관 시리즈
생존 박물관

| 초등 과학 교과연계 |

4-1 혼합물의 분리

4-2 물의 여행

5-1 태양계와 별, 다양한 생물과 우리 생활

5-2 날씨와 우리 생활, 물체의 운동

6-1 지구와 달의 운동

| 중등 과학 교과연계 |

1 여러 가지 힘

2 수권과 해수의 순환, 전기와 자기, 물질의 특성

3 기권과 날씨, 운동과 에너지

옐로우 큐의 살아있는 박물관 시리즈
생존 박물관

15소년 과학 생존기

윤자영 글 | 해마 그림

안녕로빈

목차

이야기의 시작 엉망이 된 전시장　　　　　　　　　　　　006

1 우리는 어디에 있는 걸까?　　　　　　　　　　　020
　　옐로우 큐의 수업 노트 01 생존의 시작, 위치를 파악하라!　036

2 난파선의 비밀　　　　　　　　　　　　　　　040
　　옐로우 큐의 수업 노트 02 생존 필수 조건, 물을 구하고 불을 피우자!　060

3 살아남은 소년들　　　　　　　　　　　　　064
　　옐로우 큐의 수업 노트 03 날씨를 예측해서 생존 가능성을 높여라!　086

4 체스터 병원　　　　　　　　　　　　　　　090
　　옐로우 큐의 수업 노트 04 사느냐 죽느냐 기초 의학이 문제로다　118

5 총알을 아껴야 해　　　　　　　　　　　　122
　　옐로우 큐의 수업 노트 05 도구의 발명은 인류의 생존 투쟁　134

6 Q 배지와 마지막 생존 수업　　　　　　　138
　　옐로우 큐의 수업 노트 06 힘을 만드는 과학의 원리　166

이야기를 마치며 생존, 이제 자신 있어　　　　　　　　170

　★ 고전 명작 『15소년 표류기』
　　소년들의 협동, 인내, 성장을 보여주는 무인도 생존기

　★ 옐로우의 편지

이야기의 시작 **엉망이 된 전시장**

"바나나 큐!"

옐로우 큐가 인사를 마치자 맨 뒷줄에 있던 마상백이 외쳤다. 머리부터 발끝까지 노란 옷을 입은 옐로우 큐를 신기하게 바라보던 아이들은 웃음보를 터트리고 말았다. 걸어 다니는 바나나를 떠올린 것이다.

초등 과학 동아리, '초과동' 부장 민서연은 옐로우 큐가 나타나면 분위기가 소란스러워질 거라고 예상은 했었다. 하지만 기본적인 예의도 없이 함부로 행동하는 마상백에게는 당황하지 않을 수 없었다.

마상백
과학 동아리의 문제 학생. 거친 행동과 괴소문으로 기피 대상 1호로 등극했다. 학교에서는 문제아지만 생존 체험에서는 여러 가지 일을 해내는 능력자이다.

전학생 마상백은 초과동 기피 대상 1호이다. 차돌같이 단단한 외모에 인상이 험상궂어서 전학 오는 날부터 인근 중학생들마저 무서워한다는 소문이 나돌았다. 매섭게 째진 눈도 소문을 사실처럼 만드는 데 한 몫을 했다. 동아리 회원들은 마상백을 슬슬 피했다. 그럴 때마다 상백은 쭉 찢어진 눈으로 째려보며 거친 말을 내뱉었다.

"뗵! 바나나라니요? 나로 말할 것 같으면 생물학, 지질학, 화학, 천문학과 기상학까지 온갖 과학 지식에 통달한, 과학의 신비를 일반 시민에게 알려 주는 과학 커뮤니케이터입니다."

'간단히 소개하면 될 걸 저렇게 길게 설명하다니!'

옐로우 큐
과학 전문 큐레이터로 과학 전 분야에 지대한 관심이 있다. 하지만 이론에만 강할 뿐 실제로는 구멍이 많은 허술한 타입. 생존 체험에서 아이들에게 과학 지식을 전달한다.

민서연
과학 동아리 부장이며 과학 영재이다. 해양박물관에서 옐로우 큐와 함께 『해저 2만 리』의 잠수함 노틸러스호를 탔었다.

서연은 지루해하는 아이들의 표정을 보았다. 그리고 변함없는 옐로우 큐의 장황한 설명에 고개를 절레절레 흔들었다.

과학박물관에서는 일 년 내내 다양한 기획전이 열린다. 서연은 옐로우 큐가 기획했다는 생존 과학 전시 관람이 동아리 활동에 적합하다고 생각했다. 기획전이 정식으로 열리기 전에 동아리 아이들이 먼저 관람하고, 개장 준비를 돕는 봉사활동을 하겠다고 옐로우 큐에게 부탁했다.

"노란색 바지에 노란색 재킷. 혹시 연예인이세요?"

"노란 모자, 노란 구두는 어디에서 살 수 있나요?"

상백의 말 한마디에 장난기가 발동한 아이들이 너도나도 떠들어댔다. 서연은 화제를 돌리려고 서둘러 옐로우 큐를 소개했다.

"얘들아, 옐로우 큐 선생님은 우리 활동

을 적극적으로 지원해 주셨어. 선생님께 감사의 박수를 보내자."

아이들은 낄낄거리며 장난스럽게 물개 박수를 쳤지만, 옐로우 큐는 예의 바르게 다시 고개 숙여 인사하고 전시를 소개했다.

"여러분, 오늘 우리가 체험할 전시입니다. 짠!"

옐로우 큐는 양손을 높이 들어 홀에 걸린 커다란 현수막을 가리켰다.

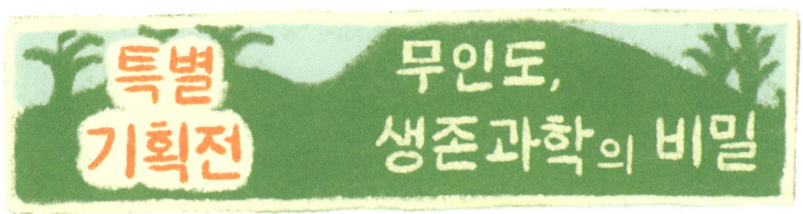

"이번 전시의 목표는 무인도에서 살아남는 방법을 과학 원리에서 찾는 것입니다."

옐로우 큐는 과장된 몸짓으로 손가락을 튕겼다.

"예를 들면, 생존을 위해서는 불이 꼭 필요해요. 여러분은 원시인이 어떻게 불을 피웠는지 아세요?"

"나무끼리 비벼서 열을 내면 불이 납니다."

"오호! 정답."

"에이, 거짓말! 아무리 비벼도 불이 붙지 않던데요."

마상백이다. 옐로우 큐가 애써 산만한 아이들을 집중시켰건만, 다시 상백이 수업 분위기에 찬물을 훅 끼얹었다.

"흐흠, 물론 쉽지 않아요. 불이 없으면 죽을 거라는 절실함으로 엄청, 여러 번, 아주 빠르게 나무를 비벼야 하니까요. 그런데 그 시대에도 방금 말한 저 학생처럼 불을 피우기 힘들다며 투덜거리던 원시인도 있었겠죠. 그런 투덜이들이 좀 더 쉽고 빠르게 마찰을 일으키는 활비비를 발명했어요. 과학은 투덜이들의 투덜거림이 쌓여 조금씩 진보했답니다."

옐로우 큐가 화내지 않고 우스갯소리를 섞어 가며 설명했다. 다행히 아이들은 다시 집중했다. 서연은 작게 한숨을 내쉬었다.

옐로우 큐가 설명을 마치고 아이들을 휘둘러보며 손뼉을 크게 한 번 쳤다.

"자, 모둠끼리 다니며 자유롭게 전시를 보세요. 그다음에는 세상에서 제일 재미있는 봉사활동을 하겠습니다. 그럼, 시자악~!"

초과동 회원들은 서너 명씩 모둠을 나눴다. 사실 모둠을 나누기는 쉽지 않았다. 동아리 회원들이 마상백이나 신슬아와는 같은 모둠이 되는 것을 꺼렸기 때문이다. 서연은 울며 겨자 먹기로 그들과 한 모둠이 되었다.

한쪽 구석에서 팔짱을 낀 채 떨떠름한 표정으로 서연을 보고 있는 아이가 신슬아다. 슬아는 동아리 첫날부터 예쁜 얼굴로 남학생들의 관심을 한 몸에 받았지만 얼마 가지 않아 기피 대상 2호가 되었다. 성격이 까칠하고 늘 다른 아이들을 얕잡아보며 무시했기 때문이었다.

서연은 내키지 않았지만 슬아에게 다가가 말을 걸었다. 마상백은 어디로 갔는지 벌써부터 보이지 않았다.

"슬아야, 어디부터 갈까?"

"난 이런 체험 활동 딱 질색이야. 아무래도 상관없으니까 네가 앞장서."

활동 시작 전부터 김이 팍 샜지만 서연은 꾹 눌러 참았다.

전시장에는 불 피우는 법, 안전한 집 짓는 법, 무서운 동물에 맞서는 법을 재현해

신슬아
과학동아리 부원. 예쁜 외모지만 다른 아이들은 모두 찌질하다고 생각하며 무시하다가 자신이 기피 대상 1호가 되었다. 일행이 체험하는 소설의 내용을 알고 있다.

놓은 디오라마가 펼쳐져 있었고, 그 옆에는 과학 원리를 설명하는 패널이 있었다.

건성건성 대충 훑어보는 신슬아와 사라져 버린 마상백. 보나마나 동아리 보고서는 자신의 차지가 될 거라는 생각에 서연은 평소보다 더 꼼꼼히 전시를 살펴보고 기록했다.

○○○○○○

"지금부터는 구역별로 나누어 봉사 활동을 하겠습니다. 앞으로 전시를 보러 올 친구들을 위해 개장 준비를 잘 마무리해 주세요."

옐로우 큐의 지시에 따라 아이들은 안내 책자를 배치하고, 동선을 알려 주는 화살표를 바닥에 붙이는 등 각자 맡은 일을 열심히 했다. 그러나 서연의 모둠이 맡은 일은 좀처럼 줄어들지 않았다. 슬아는 연신 전시장 유리에 모습을 비춰 보며 머리와 옷매무새를 고쳤고, 상백은 전시장 이곳저곳을 일없이 어슬렁거리며 나타났다 사라지기를 반복했다.

서연은 한숨을 폭 내쉬고는 마른 수건으로 설명 패널과 전시물들을 부지런히 닦았다.

그때였다. 전시장 한쪽에서 우당탕 소리가 나더니, 중앙에 서 있던 곰 모형이 바닥에 나뒹굴었다. 마상백이 곰 모형에 올라타려다가 균형을 잃었고, 그 바람에 곰 모형이 쓰러지는 사달이 난 것이다.

"마상백 학생! 괜찮은 거야? 전시물에 함부로 올라타는 경우가 어딨니?"

옐로우 큐가 달려왔다. 좀 전과는 달리 붉으락푸르락 화난 얼굴로 다그치는 바람에 상백은 놀라서 우물쭈물했다.

"곰이 이렇게 약한 줄 몰랐죠."

"뭐? 유치원 아이들도 전시물에 올라타지는 않는다고! 또……."

옐로우 큐는 줄곧 마상백을 눈여겨보고 있었다. 모두 열심인데 눈에 띄게 뺀질거려서 일부러 다가가 주의를 주기까지 했는데 상백은 아랑곳하지 않았다. 그러던 차에 자신이 오랫동안 준비한 전시물을 상백이 부수는 사고까지 내니 옐로우 큐의 참았던 화가 폭발한 것이다.

"아까부터 봉사 활동은 하지 않고, 돌아다니기만 하던데!"

상백은 고개를 들어 옐로우 큐를 바라봤다. 눈초리가 매서웠다.

"뭘 잘했다고 째려봐?"

상백의 얼굴이 일그러졌다. 학교에서도 상백은 선생님들께 늘 같은 소리를 들었다. 아무 뜻 없이 그냥 보는데도 왜 째려보냐는 소리를 계속 들으면 자신이라도 화가 날 것 같다고 평소 서연은 생각했었다.

"누가 이런 봉사하고 싶데요? 그리고 원시인이 그냥 대충 산 거지, 뭐가 과학이에요? 말도 안 돼요."

상백이 이번에는 진짜 눈을 부릅뜨고 옐로우 큐에게 맞섰다.

서연은 옐로우 큐가 아이들 앞에서 망신을 당할까 봐 안절부절못하며 서 있었다.

"대충? 생존은 과학이야!"

"그럼 현대 과학을 배워야지요. 21세기에 원시인의 생존이 뭐가 중요해요?"

"감히 원시의 생존을 무시해? 그 안에는 과학의 기초 원리가 있어. 인류의 생존 투쟁이 현대 과학으로 이어졌어! 노느라 못 봤나 본데 전시 뒷부분에는 현대 첨단 과학 전시도 있다고."

"지는 모르겠어요."

상백의 무성의한 대답에 더 화가 난 옐로우 큐는 갑자기 상백 뒤에 있던 슬아를 가리키며 물었다.

"거기, 학생. 자네도 그렇게 생각하나?"

헉, 동아리 아이들 가운데 하필 슬아라니! 서연은 머리를 짚었다.

예상대로 슬아는 아무래도 상관없다는 듯 무심히 고개를 끄덕였다. 순간 옐로우 큐 이마의 힘줄이 툭 불거졌다. 과학 커뮤니케이터의 명예를 걸고 몇 날 며칠 동안 밤잠을 설치며 준비한 전시였다. 아이들의 태도에 화가 난 것은 당연했다.

"이놈들, 안 되겠다. 제대로 경험하게 해 줘야겠어. 그리고 저 학생은 곰한테 혼쭐나 봐야겠어."

옐로우 큐는 윗옷 주머니에 붙어있던 황금색 Q 배지를 떼었다. 서연은 깜짝 놀라 옐로우 큐의 팔을 잡으며 말렸다. Q 배지의 정체를 알고 있었기 때문이다.

"선생님, 진정하세요. 전 엄청 중요하다고 생각해요. 생존, 아니 과학이요."

"서연 학생, 말리지 말게. 이 아이들에게 본때를 보여줄 거야. 생존 과학의 중요함을 깨닫게 해 줄 거라고."

옐로우 큐는 마상백과 신슬아를 향해 Q 배지를 든 손을 뻗고 결의에 찬 표정으로 크게 외쳤다.

"Q 배지여! 이들에게 생존 과학의 힘을 보여주소서."

서연은 머리를 감싸고 눈을 질끈 감았다.

주변은 조용했다. 잠시 정신을 못 차리고 헤매던 서연은 눈을 뜨고 주변을 둘러봤다. 상백이 자신을 내려다보며 비웃고 있었다.

"넌 뭐 하니? 저 바나나 선생님처럼 이상해졌냐?"

"왜 작동을 안 하지? 고장 났나?"

옐로우 큐가 머리를 긁적였다.

"이건 무슨 쇼예요? 이것도 생존 과학 프로그램인가요?"

상백은 옐로우 큐를 비웃으며 말했다.

그러고는 서연에게 따졌다.

"이런 걸 계획한 민서연 너도 이상해. 더는 못 참겠어. 이렇게 이상한 선생님에게 뭘 배우라는 거야. 난 갈래."

한쪽 벽에 기대서서 한심하다는 듯 쳐다보고 있던 슬아도 서연을 향해 피식 웃어 보였다.

옐로우 큐는 상백을 무섭게 노려보고는 다시 Q 배지를 앞뒤로 들어 보이며 진지하게 주문을 외웠다. 하지만 이번에도

Q 배지는 아무런 반응을 보이지 않았다.

"이, 이게 이상하네. 왜 작동을 안 하지?"

"그깟 장난감으로 뭘 하려고요? 한번 봐요."

상백은 내심 배지를 궁금해하는 것 같았다. 호기심이 생길 만도 했다. 장난감이라고 보기에는 Q 배지가 내뿜는 기운이 평범하지 않았기 때문이다.

그때, 둔탁한 소리를 내며 Q 배지가 떨어졌다. 옐로우 큐가 가까이 다가오는 상백을 피해 Q 배지를 등 뒤로 감추다가 배지를 놓치고 만 것이다.

바닥에 떨어진 Q 배지가 황금색으로 빛나기 시작했다.

"예스, 됐어! Q 배지가 드디어 작동했어."

옐로우 큐가 환한 얼굴로 Q 배지를 줍고는 주먹 쥔 팔을 휘두르며 소리쳤다.

"선생님, 제발 멈추세요. 어서 멈추는 주문을 외우세요."

서연이 절박하게 소리쳤다.

"서연 학생, 멈추는 주문은 배우지 않았다네."

옐로우 큐는 웃는 것처럼 보였다. 아니 우는 것 같기도 했다.

"으윽, 선생님 이번에는 무슨 일이 벌어지는 거죠?"

"글쎄, 빛에 휩쓸려 지난번처럼 어떤 소설 속으로 이동하겠지."

옐로우 큐의 대답과 동시에 Q 배지가 뿜어내는 황금빛이 가느다란 손가락처럼 변하더니 마상백, 신슬아, 민서연, 그리고 옐로우 큐 쪽으로 뻗어 왔다. 황금빛 손가락은 이들의 다리를 휘감더니 이내 몸을 감싸 올렸다. 그리고 웅장한 목소리와 함께 모든 것이 사라지고 말았다.

진짜 과학의 세계를 알려 주지.

그곳에서 생존 과학의
경이로움을 깨닫길.

1. 우리는 어디에 있는 걸까?
ㄴ 생존 법칙 1. 위치 파악

끼끼끽.

서연은 새 울음소리에 깨어나 고개를 들었다. 자신을 들여다보는 갈매기 뒤로 바다가 보였고, 가까이에 옐로우 큐와 상백, 슬아가 쓰러져 있었다.

옐로우 큐의 Q 배지가 제대로 작동한 것이다.

서연은 마침 작은 원숭이 한 마리가 옐로우 큐 주변을 뒤지다가 Q 배지를 집어 드는 것을 보았다. 원숭이를 놀라게 하면 Q 배지를 들고 도망갈지도 모른다. Q 배지는 현실로 돌아갈 수 있게 해줄 유일한 물건이다. 원숭이에게 빼앗기면 큰일이다.

서연이는 살금살금 원숭이에게 다가가며 작은 목소리로 옐로우 큐를 불렀다.

"선생님! 옐로우 큐 선생님?"

다행히 옐로우 큐가 눈을 떴다.

서연이는 검지손가락을 입으로 가져가 조용히 하라는 신호를 보내고는 그 손가락으로 원숭이를 가리켰다.

옐로우 큐는 상황을 눈치채고 천천히 몸을 일으키며 말했다.

"모, 몽키야……. 이, 이리 온. 착하지?"

옐로우 큐와 서연이 숨죽이며 원숭이를 달래고 있는데, 느닷없이 상백이 나뭇가지를 들고 달려들었다.

"원숭이 이놈. 저리 가!"

상백의 기세에 놀란 원숭이는 냅다 도망쳤다. Q 배지를 든 채로 말이다.

"안 돼! 상백 학생. 가지 마! 원숭아, 아흑."

　Q 배지를 훔친 원숭이는 옐로우 큐의 외침을 뒤로하고 멀리 숲속으로 사라져 버렸다.

　크게 실망한 옐로우 큐는 바람 빠진 풍선 인형처럼 바닥에 주저앉았다.

　"선생님, 와이파이 되는 곳으로 가요. 스마트폰이 먹통이에요."

　이 난리를 지켜보던 슬아가 심드렁한 얼굴로 옐로우 큐에게 다가와 말했다. 옐로우 큐는 고개를 절레절레 흔들며 대답했다.

　"글쎄, 여기서 와이파이 접속이 가능할까? 우린 아마 어떤 소설 속으로 들어온 것 같은데."

　지난번 해양박물관에서 『해저 2만 리』 소설 속에 다녀온 서연은 옐로우 큐의 말이 농담이 아니란 걸 알았다. 하지만 상백과 슬아는 옐로우 큐의 말을 귀담아듣지 않았다.

　상백이 들고 있는 나뭇가지를 내팽개치고는 말했다.

"쳇, 말도 안 되는 소리 그만하시고 원래대로 돌려놓으세요."

상백의 말에 옐로우 큐가 발끈했다.

"너 때문에 돌아가고 싶어도 못 가! 네가 Q 배지를 들고 있는 원숭이를 쫓아버렸잖아."

"그게 왜 저 때문이에요? 원숭이 때문이지. 이렇게 된 건 다 선생님 책임이라고요!"

"돌아가긴 다 틀렸어! Q 배지가 없으면 불가능해."

상백의 눈동자가 두려움으로 흔들렸다. 그리고 공포는 곧 분노로 바뀌었다.

"뭐, 이런 선생님이 있어? 그럼 Q 배지를 찾아오라고요!"

버릇없는 상백의 말에 화가 난 옐로우 큐가 자리에서 벌떡 일어났다.

"네가 원숭이를 쫓았으니까, 네가 찾아와!"

서연이 둘 사이로 끼어들며 말렸다.

"모두 그만! 상백아, 제발 진정해. 선생님, 화나시겠지만 참으세요."

서연의 말에도 상백은 모래를 발로 걷어차고 바다를 향해 돌아앉아 먹통이 된 스마트폰을 마구 눌러댔다.

옐로우 큐는 그런 상백의 뒤통수를 노려봤다.

"선생님, 여기는 어떤 소설 속일까요?"

"나도 모른단다, 서연 학생."

옐로우 큐는 주변을 둘러보다가 어깨를 으쓱해 보이며 말했다.

"위험한 곳은 아닐까요?"

서연은 등 뒤의 숲을 돌아보며 말했다. 해가 지지 않았지만 숲은 어두웠다. 금방이라도 무서운 동물이 나타날 것만 같았다.

"글쎄다."

"선생님. Q 배지는 나중에 찾고, 이제 어떡할지 생각해 봐요."

"그, 그래. 그러는 것이 좋겠다."

옐로우 큐는 모래 위에 떨어져 있는 작은 칼과 줄자 그리고 알 수 없는 도구들을 주워서 허리에 찬 가방에 챙겨 넣었다.

"숲에 위험한 동물이 있을 수 있어. 오늘 밤은 이곳 해변에서 보내자."

옐로우 큐와 아이들은 바닷가 모래밭에 모여 앉았다.

이내 하늘이 어두워지고 밤이 되었다. 다행히 바람이 없고 기온도 내려가지 않았다. 바다는 투명하게 맑았고, 하늘은 별이 가득했다. 은하수가 쏟아질 듯 선명했다.

"하늘에 별들이 보석 같아요."

슬아가 눈을 별처럼 빛내며 말했다.

평소와 다른 슬아 말투에 서연은 깜짝 놀랐다. 또 별을 올라다보는 상백의 눈빛도 어찌나 순한지, 서연은 곁눈으로 둘을 보고 또 보았다.

"슬아 학생, 저기 밝게 빛나는 네 개의 별이 보이니? 앞으로 보기 어려운 귀한 별들이니까 실컷 보렴."

옐로우 큐가 은하수 안에서 유난히 빛나는 네 개의 별을 가리키며 말했다. 평소처럼 밝은 표정이었다.

"별이라고 다 같은 별이 아니야. 저 십자가 모양의 밝은 별 네 개는 남십자성이야."

"그런데 왜 앞으로 보기 어렵다는 거예요?"

슬아가 고개를 갸우뚱하며 물었다.

"맞춰 보렴, 친구들. 별을 보면 우리가 있는 곳의 위치를 알 수 있다네. 북극성이 북극을 향해 있는 것처럼 남십자성은 남극에 치우쳐 있단다."

옐로우 큐의 말을 이해한 서연은 머리가 찡하고 울렸다. 우리는 북반구에 살고 있기 때문에 항상 북극성을 볼 수 있다. 남십자성

을 보고 있다는 건 이곳이 분명······.

"선생님, 지금 우리가 있는 곳이······ 설마? 아닌 거죠?"

"딩동댕! 서연 학생 정답입니다. 여기는 남반구의 어느 바다가 되겠습니다."

검지손가락 하나를 들고 웃는 걸로 보아 옐로우 큐는 이 상황을 즐기고 있는 게 분명했다.

"선생님, 지금이 즐거운 상황은 아닌 것 같은데요."

"남십자성을 이용하면 이곳의 위도를 측정할 수 있어. 그리고……."

옐로우 큐는 서연의 말에 아랑곳하지 않고 자신의 손목시계를 들어 보였다. 초침이 있는 아날로그시계였다.

"우리가 이동하는 순간부터 나는 이 시계를 확인했다네. 시계는 변함없이 작동하고 있었어. 그렇다면 경도를 알 수 있지."

"선생님, 알기 쉽게 설명해 주세요."

"**생존의 시작은 위치를 파악하는 것!** 위도와 경도를 알면 우리가 지구 어디쯤 있는지 알 수 있다는 거야."

"아까는 소설 속으로 들어왔다더니, 이제 여기가 남반구라고? 민서연, 넌 뭔가 알고 있었던 거야?"

슬아가 서연에게 신경질을 내며 물었다.

"몰랐지. 하지만 Q 배지가 작동하는 바람에 쥘 베른 소설 『해저 2만 리』에 들어갔다 온 적이 있어. 그때는 노틸러스호를 타고 전 세계 바다를 돌아다녔어. 하지만 보다시피 지금은 너희 앞에 있잖아. 너무 걱정하지 마. 우리는 방법을 찾을 거야."

서연은 슬아를 안심시키려 했지만 별 소용이 없었다.

슬아는 서연을 째려보더니 등을 보이며 앉았고, 상백은 모든 걸 포기한 사람처럼 모래 위에 벌러덩 드러누웠다. 피곤해진 서연도 그들과 멀찍감치 떨어져 앉았다.

당최 말이 안 통하는 아이들과 이런 어처구니없는 상황에 놓이다니! 앞으로 어떤 일이 일어날까? 괜찮을 거라고 슬아와 상백에게 말했지만, 서연은 마음이 복잡했다. 이런저런 불안한 생각에 몸을 뒤척이다가 파도 소리를 들으며 설핏 잠에 빠져들었다.

"이건 꿈이야."

서연은 Q 배지를 타고 시공간을 이동하는 꿈을 꾸다가 눈을 떴다. 별이 쏟아지는 바닷가 모래밭, 등 뒤의 검은 숲이 꿈이 아님을 말해 주고 있었다. 서연은 주위를 둘러보았다. 가까이에 슬아와 상백이 잠들어 있었다. 옐로우 큐는 보이지 않았다.

서연은 아이들을 흔들어 깨웠다.

"애들아, 일어나 봐. 선생님이 안 계셔."

슬아는 부스스 눈을 뜨고 한참 동안 멍하니 앉아 있다가 정신 나간 사람처럼 혼잣말을 했다.

"정말이네. 시공간을 이동한 거 말이야."

그때, 옐로우 큐를 찾겠다며 나선 상백이 멀리서 소리쳤다.

"저기, 옐로우인지 블루인지 선생님이 계셔. 가 보자."

서연이 슬아와 함께 상백이 있는 곳에 도착하니, 어둠이 깔린 바닷물에 서서 하늘을 올라다보는 옐로우 큐가 보였다. 가까이 다가가 보니 옐로우 큐는 컴퍼스와 비슷한 물건을 들고 하늘의 뭔가를 측정하고 있었다.

"선생님, 그게 뭐예요? 여기서 뭐 하세요?"

"어, 서연 학생. 이건 육분의란다. 별의 고도를 측정할 수 있지. 남십자성의 고도를 측정해서 여기 위도를 알아낼 거야."

서연은 이곳 바닷물에 손을 담가 봤었다. 분명 따뜻했다.

"적도의 열대지방 아닐까요? 밤인데 바닷물이 따뜻하잖아요."

"나노 그러길 바랐지만, 남십자성을 대충 봐도 그건 아니야."

평소와 다르게 옐로우 큐의 얼굴은 어두웠다.

"남십자성을 잘 봐라. 십자가 모양이 뒤집혀 있지? 십자가 아래

별이 알파별이야. 알파별은 남극에서 27° 떨어져 있단다."

옐로우 큐는 육분의 한쪽 끝을 수평선에, 다른 한쪽 끝을 알파별에 맞추었다. 그러고 나서 육분의로 알파별과 수평선 사이의 각도를 구했다.

"선생님, 이 도구들은 어디서 났어요?"

"특별 기획전 교육 시간에 사용하려고 몇 가지 도구를 이 가방에 챙겨 두었지. 정말 다행이지 않니?"

옐로우 큐는 허리에 찬 자신의 가방을 툭툭 쳤다. 그러고는 중얼거리며 계산하더니 말했다.

"흠, 우리가 있는 이곳이 알파별과 24° 차이가 나. 그리고 알파별은 남극과 27° 떨어져 있어. 따라서 여기 위도가 남위 51°다."

"그럼 우리는 남반구의 중위도에 있는 거네요."

"맞아. 그렇다는 건 겨울이 온다는 말이지."

옐로우 큐는 계절이 바뀌는 긴 시간 동안의 생존을 생각하고 있었다. 서연은 그런 일이 일어나지 않길 바랐다. 어서 문제를 해결하고 현실로 돌아가야겠다는 생각으로 다그쳐 물었다.

"좋아요, 선생님. 그럼 경도는요?"

"정확하지는 않지만 시간으로 대략 알 수 있지."

옐로우 큐는 손목시계를 내려다보며 말했다.

"박물관과 이곳은 14시간 차이가 나. 경도 15° 마다 1시간씩 달라지니까, 이곳의 경도는 대한민국과 210° 차이야."

"선생님, 그럼 여기는 서경 75°군요. 위도가 남위 51°이고, 경도가 서경 75°인 곳이 어디죠?"

"칠레의 남쪽 끝이지."

옐로우 큐는 나뭇가지로 모래에 대충 세계지도를 그렸다. 그리고 남아메리카 대륙의 끝을 꼭 찍었다.

"바로 이곳이야. 남아메리카 대륙의 끝, 길쭉한 나라 칠레의 맨 아래 마젤란 해협쯤일 거다."

"잘 하셨어요. 위치를 알았으니 이제 돌아갈 수 있겠죠?"

옐로우 큐가 대답도 하기 전에 상백이 끼어들었다.

"칠레요? 그럼 어서 비행기 표를 예매해요. 가까운 공항으로 가서 비행기를 타면 되잖아요?"

상백의 째진 눈이 초롱초롱해졌다. 하지만 옐로우 큐는 고개를 좌우로 흔들었다.

"돌아가는 법은 몰라. 난 과학 원리로 위치를 찾았을 뿐이야."

"모른다고요?"

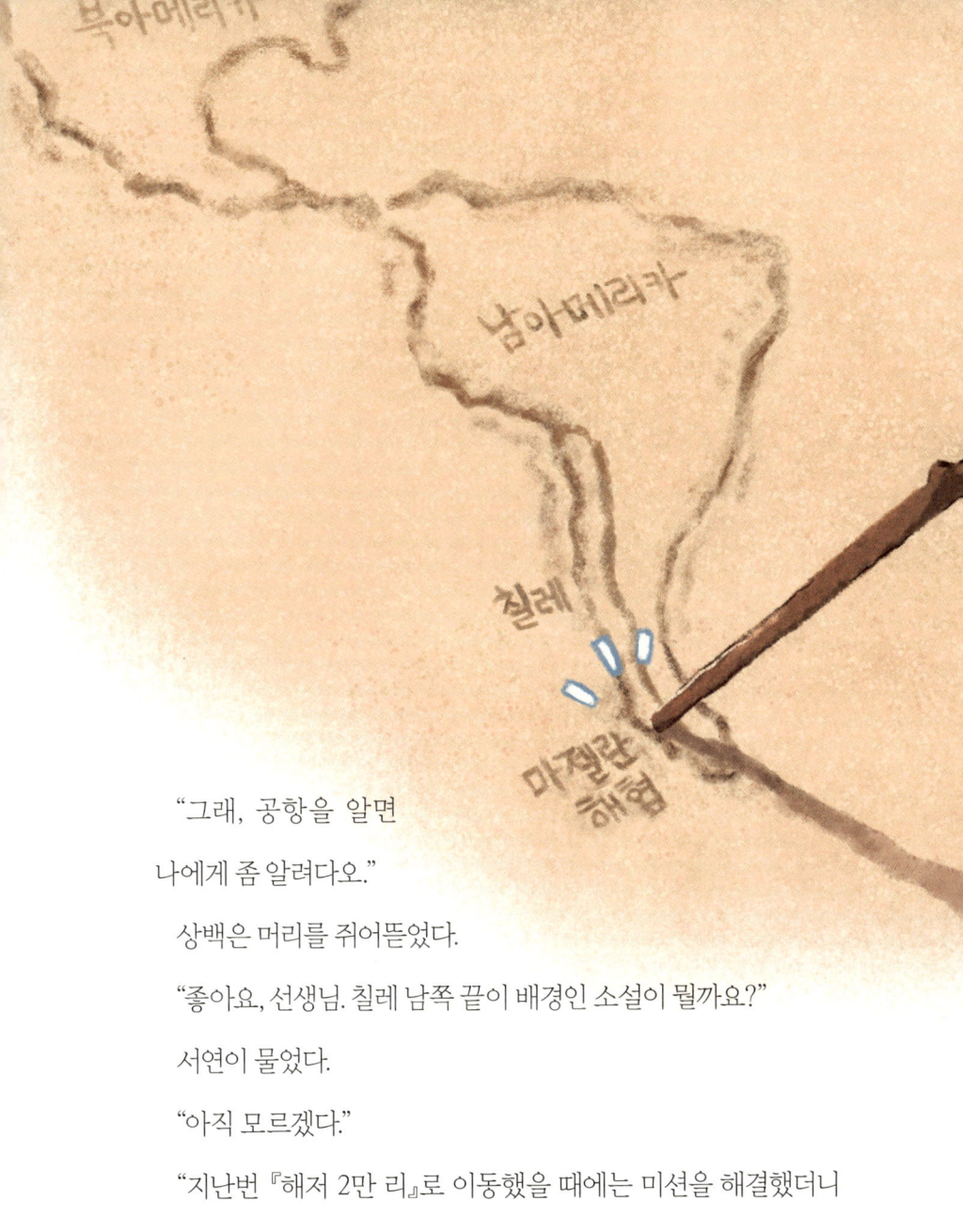

"그래, 공항을 알면 나에게 좀 알려다오."

상백은 머리를 쥐어뜯었다.

"좋아요, 선생님. 칠레 남쪽 끝이 배경인 소설이 뭘까요?"

서연이 물었다.

"아직 모르겠다."

"지난번 『해저 2만 리』로 이동했을 때에는 미션을 해결했더니 Q 배지가 저절로 작동했었잖아요."

"그랬었지. 서연 학생, 이번 미션은 뭘까?"

"생존이 아닐까요?"

"생존?"

"네, Q 배지가 작동했을 때 생존 과학을 체험하라는 목소리를 들었어요. 이 섬은 무인도일 거예요. **무인도에서 스스로의 힘으로 살아남는 것!** '생존'이 바로 우리의 미션인 듯해요."

서연의 말에 옐로우 큐는 격하게 손뼉을 치며 좋아했다.

"짝짝짝. 서연 학생은 역시 똑똑하군요."

"감사합니다, 선생님. 먼저 여기가 어느 소설 속인지 알아야겠어요. 마젤란 해협의 무인도에서 생존하는 소설이라면 『로빈슨 크루소』가 아닐까요?"

옐로우 큐가 그런 것 같다며 손가락을 딱하고 튕겼다.

"『로빈슨 크루소』는 아니에요. 선생님."

슬아가 나서서 말했다.

"오! 슬아 학생은 왜 그렇게 생각하지?"

"『로빈슨 크루소』의 배경이 된 곳은 베네수엘라의 오리노코강 하류 섬이에요. 남아메리카 북쪽 끝이죠."

"슬아 학생은 책을 많이 읽었구나? 그럼 우리는 지금 어떤 소설 속으로 들어온 걸까?"

"책을 많이 읽긴 했지만, 여러 책의 내용이 뒤죽박죽 섞여서 잘 모르겠어요."

"좋아, 슬아 학생. 이제부터 기억해 보렴. 네가 읽은 책들이 우리가 생존하는 데 도움을 줄 거야. 틀림없어."

매사 시큰둥하던 슬아의 표정이 전보다 밝아졌다. 옐로우 큐의 기대가 슬아의 마음을 조금 움직인 것 같았다.

"학생들, 희망을 잃지 말자. Q 배지가 우리를 현실 세계로 데려가 줄 것을 나는 믿는다네."

"하지만 황금 배지는 원숭이가 가져갔잖아요."

"그렇지. 아마 미션을 해결하면 Q 배지를 찾을 수 있을 거야."

상백은 고개를 절레절레 흔들었다. 옐로우 큐를 믿지 못하는 것 같았다.

"모두 힘내자. 우리가 있는 곳의 위치를 알았으니. 내일은 섬을 조사해 보자꾸나."

옐로우 큐는 아이들의 힘을 북돋우려고 일부러 목소리를 높였다.

> 옐로우 큐의 수업 노트 01
> # 생존의 시작, 위치를 파악하라!
> **초5-1** 태양계와 별, **초6-1** 지구와 달의 운동
>
> 낯선 곳에서 조난했을 때는 먼저 여기가 어디인지 알아야 해.

 나침반을 보면 여기가 어디인지 알 수 있지 않을까?

나침반은 방향을 알려 주지만, 우리가 있는 곳에 위치를 알려 주진 않아.

1. 위치를 말할 때는 위도와 경도

지구 위에서 나의 위치는 어떻게 표시할까? 이 질문에 답을 찾기 위해 사람들은 지구에 가상의 선을 그었어. 가로선을 위선, 세로선을 경선이라고 했지.

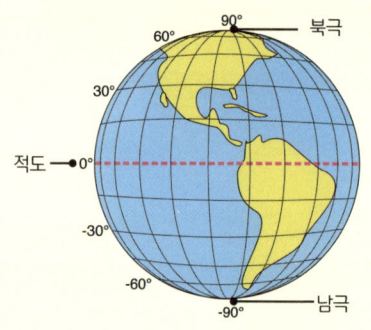 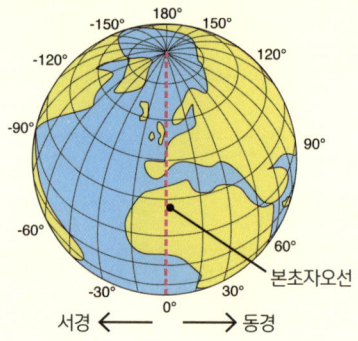

먼저 위선을 알아보자. 알다시피 지구는 구형이야. 지구의 한가운데 가장 불룩한 부분을 가로로 그은 선을 적도라고 해. 적도에서 북극까지, 적도에서 남극까지 각각 90등분으로 나누어서 선을 그렸어. 적도는 0°, 북극은 북위 90°, 남극은 남위 90°로 표시할 수 있어. 다음은 경선이야. 먼저 적도처럼 세로선도 기준이 필요했어. 하지만 둥근 지구에서 세로선의 기준을 정하기는 어려웠어. 사람들은 경선을 정할 당시의 강대국이었던 영국의 그리니치 천문대를 기준으로 정하고 '본초자오선'이라 불렀어. 본초자오선 동쪽은 동경, 서쪽은 서경이야.

2. 위도를 알려 주는 별, 북극성과 남십자성

낯선 곳에서 나의 위치를 알고 싶으면 내가 한 것처럼 북극성 혹은 남십자성의 고도를 측정하면 돼. 북반구에 있을 때는 북극성을, 남반구에 있을 때는 남십자성으로 자신이 있는 곳의 위도를 알아낼 수 있지.

1) 북쪽 하늘에 고정되어 있는 북극성

오른쪽 사진은 별의 이동을 찍은 거야. 이 사진을 보면 가운데 하나의 별이 보이지? 그게 바로 북극성이야. 북극성은 지구 자전축의 연장선 위에 고정되어 있기 때문에 북극성을 중심으로 모든 별이 반시계 방향으로 도는 것처럼 보인단다.

지구의 자전과 별의 일주 운동

2) 북극성의 고도는 내가 있는 곳의 위도

북극성의 고도는 내가 있는 곳의 위도와 같아. 서울에서 북극성의 고도를 측정하면 37°일 거야. 서울의 위도가 37° 정도니까.

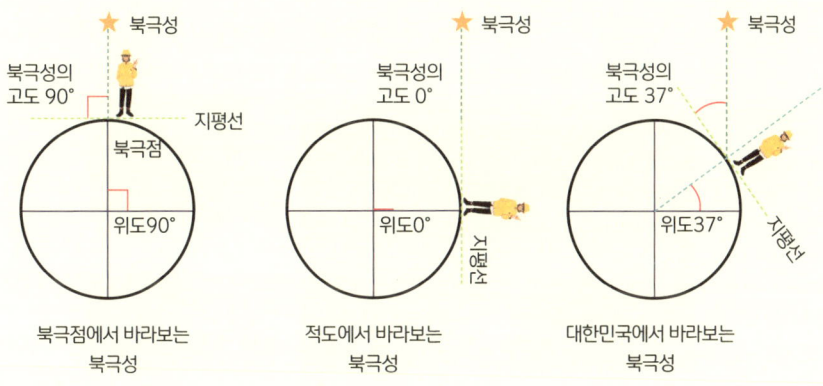

북극성을 찾아보자

그럼 북극성을 어떻게 찾을까? 먼저 국자 모양의 북두칠성을 찾아야 해. 그림처럼 국자 끝에서 마지막 두 별 사이 거리의 다섯 배만큼 이동해서 만나는 별이 북극성이야. 카시오페이아 별자리에서도 북극성을 찾을 수 있어.

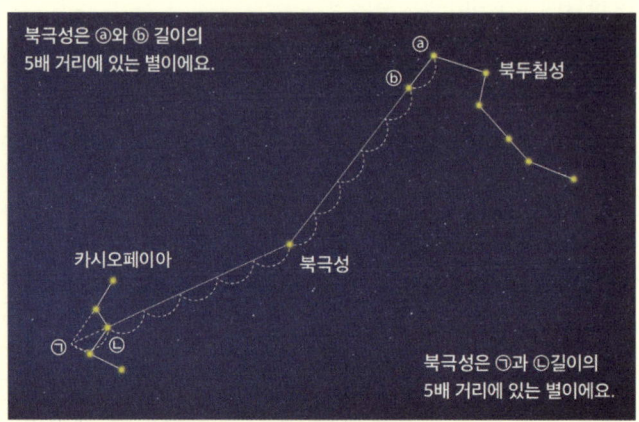

북두칠성과 카시오페이아 자리로 북극성 찾는 방법

3) 남반구의 별, 남십자성

다음은 남반구에서 보이는 남십자성이야. 네 개의 별이 십자가 모양으로 배열되어 있어. 남십자성은 자전축 위에 있는 별은 아니지만 선명하게 보여서 중요한 길잡이가 되었어. 남반구의 두 나라, 호주와 뉴질랜드의 국기에 남십자성이 있는 것을 봐도 얼마나 중요한 별인지 알 수 있지.

남십자성

뉴질랜드의 국기

호주의 국기

남반구에서 내가 있는 곳의 위도는 남십자성의 알파별로 알 수 있어. 남십자성 십자가 아래에 있는 별이 알파별이야. 이 알파별은 남극에서 27° 떨어져 있어. 그림처럼 남십자성이 십자가 모양일 때는 위도에서 +27° 위쪽에, 뒤집힌 십자가 모양일 때는 위도에서 -27° 아래쪽에 있다는 얘기지.

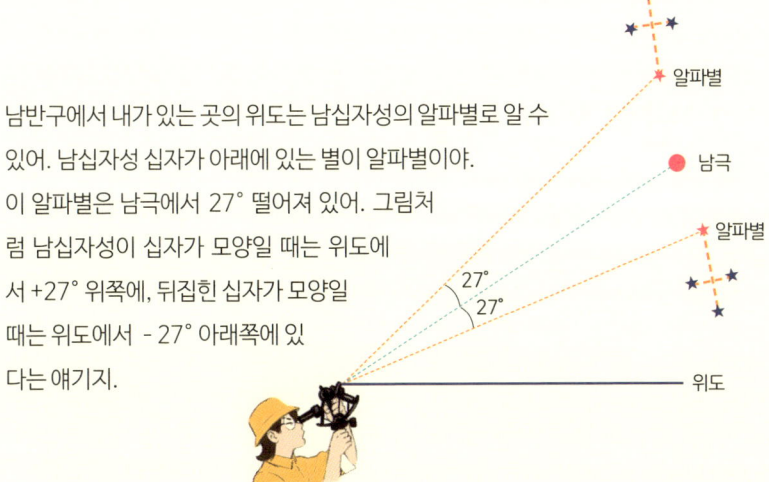

3. 시계로 알 수 있는 경도

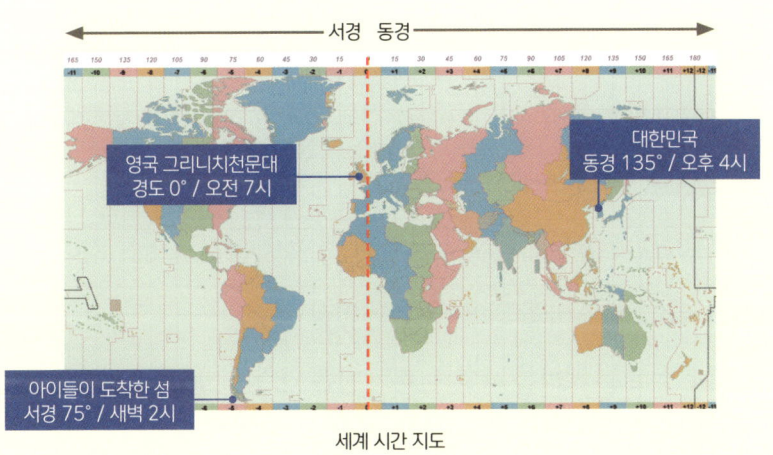

세계 시간 지도

경도는 어떻게 알 수 있을까? 그건 현재 시간으로 알 수 있어. 앞에서 배웠듯이 영국의 그리니치 천문대의 경도는 0°야. 그리고 우리나라는 동경 135°이지. 지구는 하루(24시간)에 한 바퀴(360도) 자전하기 때문에 1시간 동안에는 15° 움직인단다. 영국에서 135° 떨어진 우리나라는 영국과 9시간 차이가 나지. 우리가 전시관에 있었던 때는 오후 4시, 섬에 도착한 시간은 새벽 2시였어. 우리나라와 14시간이나 차이가 나는 이 섬은 대한민국과 경도 210° 떨어진 서경 75° 부근이야.

2. 난파선의 비밀
└생존 법칙 2. 물, 불, 집

"이게 집이에요?"

상백이 옐로우 큐가 만든 집을 건드리며 말했다. 집은 금방이라도 쓰러질 것처럼 허술해 보였다.

"떼! 그렇게 함부로 만지지 말게, 상백 학생. 임시로 만든 거라 어쩔 수 없어. 계속 바깥 잠을 잘 수는 없잖니."

옐로우 큐는 허리를 펴고 흐르는 땀을 닦으며 말했다.

아이들이 자는 동안 옐로우 큐가 굵은 나뭇가지를 주워서 구덩이를 파고 원뿔 모양의 집을 지어 놓은 것이다.

집은 신석기 시대의 움집 같았다. 덮을 만한 것을 구할 수 없었는지 뼈대만 세워져 있었다.

"이래 봬도 이 집에는 과학 원리가 있어. 땅을 팠기 때문에 바깥보다 온도 변화가 적어. 밖이 추울 때는 따뜻하고, 더울 때는 시원하지. 흙은 열을 저장해 두기 때문이야. 지하실에 갔을 때를 생각해 봐. 여름에는 흙이 바깥 열을 차단해서 서늘하고, 겨울에는 흙이 저장해 놓은 열을 내보내서 따뜻하단다."

천막으로 덮을 수 있다면 더 좋았겠지만, 한뎃잠을 자지 않아도 된다는 생각에 안심이 되었다.

"선생님, 고맙습니다. 저희를 깨우지 그러셨어요."

서연이 미안해하며 말했다.

"하하하, 괜찮아. 학생들은 한창 클 나이야. 실컷 자야 키도 쑥쑥 크지. 자, 우선 이거라도 먹어 봐라."

옐로우 큐는 유쾌하게 웃으며 초록색 사과처럼 생긴 과일을 하나씩 건넸다.

"무슨 과일인지는 몰라. 숲속에 떨어진 걸 원숭이들이 먹더구나. 먹어도 안전할 거야."

서연이 과일을 받아 옷에 문지르며 물었다.

"숲속에 들어가 보셨군요?"

"여기가 어떤 곳인지 알아야 하니까. 조금 들어가 봤지."

"사람이 다닌 흔적이 있나요?"

"아직까지 발견하지 못했단다."

상백이 과일을 한 입 베어 물더니 얼굴을 찡끄렸다.

"아우 셔! 밥은 없어요?"

옐로우 큐는 검지손가락을 들어 좌우로 흔들었다.

"마상백 학생, 아직 이 세계를 받아들이지 못했나?"

"아휴, 말을 말겠습니다."

상백은 신 과일을 다시 한 입 베어 물고 나무 그늘 아래 털썩 주저앉았다. 옐로우 큐는 상백의 어깨를 두어 번 두드리고는 다시 일어나 집 짓기를 계속했다.

상백이 망설이는 듯하더니 슬며시 일어나 옐로우 큐에게로 가서 세워 둔 기둥을 손으로 흔들었다.

"선생님, 이 기둥 너무 허술하게 박은 거 아니에요?"

옐로우 큐는 빈약한 어깨를 으쓱 올렸다. 최선을 다했다는 뜻이다.

상백은 옐로우 큐가 쓰던 야삽을 들더니 기둥 자리의 땅을 지금

보다 더 깊게 팠다. 그리고 기둥을 다시 묻고 야삽으로 팡팡 때려 야무지게 고정했다.

"상백 학생, 힘이 세구나!"

"선생님이 약한 거예요."

상백은 옐로우 큐의 마른 몸을 쓱 한 번 보더니 들고 있던 나뭇가지를 받아 서까래를 기둥에 기대어 세웠다.

옐로우 큐는 조금 달라진 상백을 보며 흡족한 미소를 지었다. 그렇게 둘은 힘을 합쳐 집을 완성했다.

옐로우 큐는 이마에 맺힌 땀을 닦으며 큰 소리로 말했다.

"학생들, 좋은 소식이 있단다. 아침에 숲 건너편 해변에서 배를 발견했어."

서연에게는 '배'라는 말이 '탈출'처럼 들렸다. 슬아도 눈을 동그랗게 뜨고 물었다.

"배를 타고 이곳을 탈출할 수 있겠군요?"

"미안하지만 난파된 배였다네. 게다가 돛을 단 옛날 배였어. 어제와 오늘, 하늘에 비행기가 보이지 않아. 아마 이곳은 비행기가 없는 시대인 것 같아."

"배에 가 봐요. 단서가 있을지 모르잖아요."

서연이 재촉하며 말했다.

"그래, 서연 학생. 먹을 것이 있을지도 모르지."

배가 고플 대로 고픈 옐로우 큐와 아이들은 처음으로 의기투합해 배를 찾아 나섰다.

ooooooo

숲속에 들어서니 늦여름 진한 풀냄새가 콧속을 파고들었다. 이름을 알 수 없는 새들의 울음소리가 들려왔다. 일행은 혹시 모를 위험에 대비해 최대한 가까이 붙어서 이동했다.

"얘들아, 맹수가 나오는지 사방을 잘 감시해야 한다."

옐로우 큐와 상백은 끝을 뾰족하게 만든 기다란 나무를 들고 있었다. 얼핏 창처럼 보였는데, 혹시나 맹수가 나타나면 싸우기 위해 옐로우 큐가 만든 것이다. 그렇게 얼마쯤 갔을까? 다시 바다가 보였고, 나무로 만든 배가 옆으로 기울어져 있었다.

"저기다."

물에 반쯤 잠겨 있는 배는 암초에 걸려 난파한 것 같았다. 돛은 찢겨 바람에 흔들렸고, 배의 아랫부분에 따개비와 둥근 껍질 소라가 오밀조밀 붙어 자라고 있었다.

옐로우 큐는 배에 쓰여진 글자를 읽었다.

"슬루기, 이 배의 이름은 '슬루기호'야. 슬아 학생, 뭐 생각나는 것 없니?"

슬아의 미간에 작은 주름이 생겼다. 늘 시큰둥하던 슬아가 무엇이든 기억해 내려고 애쓰고 있었다.

"들어는 본 것 같은데, 잘 모르겠어요. 배 이름 같은 건 외우지 않잖아요."

상백이 배를 향해 뛰어갔다.

옐로우 큐는 혹시 모를 위험 때문에 소리쳤다.

"상백 학생, 위험한 사람이 있으면 어떡하려고?"

상백이 뒤돌아 소리쳤다.

"나쁜 놈이 주인공인 소설은 흔하지 않아요."

옐로우 큐는 멋쩍은 표정으로 서연과 슬아에게 말했다.

"아까는 밀물이라 들어갈 수 없었단다. 이제 썰물이니 배에 올라갈 수 있겠어. 우리도 가 볼까?"

서연과 슬아가 옐로우 큐의 뒤를 따랐다.

배 뒤쪽에 밧줄 사다리가 내려와 있어 어렵지 않게 올라갈 수 있을 것 같았다. 상백은 벌써 갑판 위에 올라가 있었다.

"상백 학생! 배 위는 어떻니?"

잠시 후 상백이 고개를 내밀었다.

"아무것도 없어요. 빈 배라고요."

옐로우 큐는 서연과 슬아에게 손에 힘을 꽉 주고 조심히 올라오라는 주의를 줬다. 그리고 사다리를 타고 먼저 배로 올라갔다.

배의 갑판이 기울어져 있어서 난간을 붙들어야지 겨우 움직일 수 있었다.

갑판 중간에 배 아래로 내려가는 계단이 있었다.

"선생님, 아래로 내려가 봐요."

계단 아래 선실은 물이 반쯤 차 있었다. 물건이라고는 찌그러진 냄비와 주전자 하나뿐이었다.

옐로우 큐는 보물을 찾은 것처럼 냄비와 주전자를 들었다.

"오! 여기에 물을 끓여 먹으면 되겠다."

상백이 손을 내저으며 말했다.

"선생님, 깨끗한 개울물이 숲에 저렇게 많은데 그게 무슨 소용이에요?"

"소용 있지! 비가 오면 맑은 물이 흙탕물이 될 거야. 세균이 번식할 테고. 주전자는 아주 중요한 아이템이라네."

"슬아야, 선생님의 저런 긍정적인 성격 덕분에 이번에도 미션을 해결하고 현실 세계로 돌아갈 수 있을 거야, 분명히."

서연은 옆에 있는 슬아에게 힘주어 말했다. 하지만 서연의 기대와는 달리 슬아는 알 수 없다는 듯 어깨를 으쓱해 보였다.

"우와, 천막 발견!"

선실의 위쪽 수납장을 뒤지던 상백이 소리쳤다.

"그걸로 덮으면 움막이 되겠어. 그럼 비가 와도 걱정 없다네."

옐로우 큐가 팔짝 뛰면서 좋아했다.

"그렇죠! 이제 갈대나 억새를 구하러 다니지는 않아도 되겠어요."

"잘했군, 잘했어."

박물관에서와는 달리 이곳에서는 옐로우 큐와 상백이 꽤 잘 어울렸다. 서연이 둘을 보며 안도의 한숨을 내쉴 그때였다. 뭔가 움직이는 것이 물에 잠긴 서연의 다리를 건드렸다.

"으악!"

서연은 소스라치게 놀라며 계단을 뛰어올랐다.

"서연 학생, 왜 그러니?"

"무, 물속에 뭔가 있어요."

옐로우 큐는 물 가까이 몸을 숙여 들여다보더니, 서연에게 물속을 보라며 손짓했다. 물속에는 어른 팔뚝만큼 큰 물고기가 헤엄치고 있었다.

밀물 때 들어왔다가 썰물 때 미처 빠져나가지 못한 물고기였다.

"오! 식량이로구나."

옐로우 큐가 물고기를 잡으려고 냄비로 물속을 휘저었지만, 물고기가 더 재빨랐다.

"창, 아까 만든 창을 주게나."

슬아가 갑판에 둔 창을 가져와 건네주었다. 상백은 수납장에 버려져 있던 대못을 찾아와서 창끝에 꽂았다.

"좋아, 상백. 삼지창 완성이요."

옐로우 큐가 몇 번이고 물속으로 창을 찔러 넣었지만, 물고기는 약삭빠르게 도망갔다.

보다 못한 상백이 나섰다.

"선생님, 줘 보세요."

"그, 그래. 물의 굴절 때문에 물고기가 위로 떠 보일 거야. 보이는 곳보다 조금 아래를 노리게나."

상백은 삼지창을 받아서 강하고 빠르게 물속으로 꽂았다. 상백의 삼지창에 커다란 물고기가 딸려 나왔다.

"잡았다!"

"오호! 대단하네, 상백 학생. 오늘 저녁은 생선구이를 먹을 수 있겠어."

상백은 싱글벙글 신이 난 얼굴이었다.

뭘 해도 허술한 옐로우 큐와 함께 있으면 아이들은 자신감을 갖는다. 선생님이 워낙 허당이라 중요한 역할은 학생들의 몫이 되었다.

"상백 학생의 활약으로 오늘 저녁에는 생선구이를 먹을 수 있겠구나. 어서 돌아가서 불을 피우고 생선을 구워 보자꾸나."

숲을 지나 집이 있는 해변으로 향하는 일행의 발걸음은 가벼웠다. 곧 맛있는 생선구이를 먹을 수 있다는 생각에 콧노래가 절로 흘러나왔다.

ooooooooo

"수고했다. 이 정도면 비가 와도 끄떡없겠어."

상백과 옐로우 큐는 배에서 찾은 천막을 나무 뼈대 위에 덮었다. 집은 이제 캠핑용 텐트 같았다.

서연과 슬아는 땔감을 모아 왔다. 해변에 마른 나뭇가지가 널려 있어서 충분한 양을 모을 수 있었다.

"선생님, 물은 어떻게 하죠? 목이 말라요."

"주전자의 물을 먹거라."

"깨끗한 물이에요?"

"숲속 개울에서 떠온 물이야. 개울물에 민물새우가 있었어. 알아두렴. 민물새우와 가재는 바로 먹을 수 있는 1급수에서만 산단다."

서연은 주전자를 들고 물을 마셨다. 과연 물은 맑고 시원했다.

"비가 와서 개울물이 흙탕물이 되면 가만히 가라앉혔다가 윗물을 끓여 먹으렴. 100도의 끓는 물에서는 세균이 몽땅 죽으니까."

옐로우 큐는 손바닥을 비비더니 아이들에게 말했다.

"얘들아, 생존 영화나 유튜브 영상을 봐서 알겠지만 **생존을 위한 필수 조건은 마실 물을 구하고 불을 피우는 것**이란다. 식수 구하는 법을 알았으니 이제 불을 피워 볼까?"

"선생님, 불을 피울 수 있으세요?"

"흐흐, 이래 봬도 난 〈무인도 생존과학의 비밀〉 전시를 기획한 사람이야."

옐로우 큐는 기다란 나뭇가지를 가져와 작은 칼로 껍질을 깎아 둥근 나무 막대기를 만들었다. 넓고 평평한 나무판을 바닥에 놓고 나무 막대기를 세워 손으로 비비기 시작했다.

"이렇게 계속 비비면 마찰열이 나서 금방 불이 붙을 거야."

옐로우 큐는 손바닥으로 나뭇가지를 열심히 비볐다. 하지만 얼마 지나지 않아 팔을 떨었고, 이마에 땀이 송골송골 맺혔다. 나무는 검게 그을렸을 뿐, 불이 붙을 기미는 보이지 않았다. 10분 정도 지났을까, 워낙 체력이 약한 옐로우 큐는 지쳐서 비비던 나무를 던져 버렸다.

"원시인이 정말 이 방법으로 불을 피웠을까? 의심이 가네."

서연이 옐로우 큐가 버린 막대기를 주워 들었다.

"선생님, 박물관에서 활비비가 있다고 말씀해 주셨잖아요. 전시된 것도 봤어요. 이 나무 막대기에 줄을 감아서 돌리면 쉽게 마찰을 일으킬 수 있어요. 슬아야, 나 좀 도와줘."

서연은 나무 덩굴을 잘라서 옐로우 큐가 버린 나무 막대기를 한 바퀴 감쌌다. 슬아는 서연이 시키는 대로 나무판을 둥근 나무 막대기 아래에 댔다. 서연이 덩굴을 양손으로 번갈아 잡아당기자 아까보다 강한 마찰이 일어났다. 서연이 힘에 부쳐 쩔쩔매자 이번에는 슬아가 나섰다. 둘이 번갈아 가며 열심히 활비비를 돌렸지만 하얀 연기가 잠시 피어오를 뿐 빨간 불씨는 생기지 않았다.

서연도, 슬아도 힘이 빠져 불 피우기를 포기하고 말았다.

"저희도 선생님 의견에 동의합니다. 정말 이런 방법으로 불 피우는 것이 가능한가요?"

"쯧쯧, 이렇게 힘이 없어서야. 선생님이 말씀하신 대로 불이 없으면 죽을 수 있다는 절실한 마음으로 불을 피워 볼게요."

불끈 의지를 높인 상백은 둥그런 나무 막대기를 비볐다. 옐로우 큐나 여자아이들보다 힘이 세서 그런지 금방이라도 불이 붙을 것 같았다. 하지만 이번에도 불씨가 생기지는 않았다.

상백은 화가 나서 비비던 나무를 던져 버렸다.

"아, 짜증 나!"

"상백 학생, 원시인들은 우리보다 근육이 크고 힘이 셌겠지. 우리가 단번에 불을 붙이지 못하는 것은 당연한 거야."

옐로우 큐가 애써 아이들을 위로했지만 별 소용이 없었다. 더운 날씨에 힘을 쏟아 버린 아이들은 맥없이 늘어져 있었다.

"선생님, 배고파요."

슬아가 말했다.

"슬아 학생, 상백이 잡은 물고기는 회로 먹을까?"

"윽! 이름도 정체도 알 수 없는 생선을 생으로 먹을 수는 없어요. 전 포기할게요."

슬아는 주머니에서 껌을 꺼내 은박 종이를 벗겨 입에 넣었다.

옐로우 큐는 슬아의 껌을 보고 눈이 왕방울만 해져서는 은박 종이를 잡고 있는 슬아의 손을 거세게 움켜줬다.

"슬아 학생! 껌 있었어?"

옐로우 큐의 격한 반응에 슬아가 움찔했다.

"껌 드려요? 껌 좋아하세요?"

"배고픈데 껌 좋지. 아니, 그게 아니라……."

옐로우 큐는 슬아의 껌을 두 손으로 받아 들며 말했다.

"이제 불을 붙일 수 있다. 슬아 학생, 네가 우리를 살렸어."

아이들은 옐로우 큐가 도대체 무슨 말을 하는지 어리둥절했다.

옐로우 큐는 허리춤에서 작은 망치를 꺼냈다. 그리고 자신의 스마트폰을 넓적한 돌 위에 얹어 놓고 망치로 힘껏 내리쳤다. 스마트폰 액정이 거미줄을 그리며 깨졌다. 한 방 두 방 내려칠 때, 유리 파편이 튀며 스마트폰이 부서졌다.

뜻 모를 행동에 놀란 아이들이 모두 옐로우 큐 주위로 모였다. 돌을 내리치는 옐로우 큐는 웃고 있었다. 기괴한 모습에 서연은 걱정스레 물었다.

"선생님, 왜 그러세요? 제 이름이 뭐예요?"

"난 미치지 않았다네, 민서연 학생."

옐로우 큐는 스마트폰 잔해 속에서 네모난 배터리를 꺼내 아이들에게 보여 주었다. 마치 보석을 주운 사람 같았다.

"짜잔, 스마트폰에 들어 있는 이 배터리는 리튬이온 전지야. 무려 3.7볼트의 전기를 낸단다."

"그렇군요! 그런데 어떻게 불을 붙여요?"

옐로우 큐는 조심스럽게 껌의 은박 포장지를 벗겼다.

"은박지는 전기가 통하는 물체란다. 전선에 흐르는 전기를 전류라고 하는데 금속 성분에서 더 잘 흐르지."

옐로우 큐가 은박지를 잘라 길쭉하게 만들었다.

"자, 전선이 완성되었다. 그다음은 배터리의 (+)극과 (-)극을 찾아서 양쪽에 은박 전선을 연결해. 그러면 전류가 (+)극에서 나와 (-)극으로 흐르게 된단다."

옐로우 큐는 길게 자른 은박 껌 종이 한쪽을 (+)극에 대고 손가락으로 눌렀다.

"이제 반대쪽을 (-)극에 접속시키면 전류가 흐른다. 너희 혹시 건전지에 연결한 꼬마전구가 빛을 내는 원리를 알고 있니?"

이런 위기의 순간에도 과학 강의를 하다니! 옐로우 큐는 진정한 과학 덕후였다. 서연은 그런 선생님을 위해 씩씩하게 대답했다.

"열이 나서요."

"딩동댕! 전류가 흐르면서 전선에 열이 나지. 그럼 이 은박지에 열이 나면?"

"껌 종이에 불이 붙는 거군요?"

옐로우 큐는 크크크 하고 웃더니 은박지를 (-)극에 연결했다. 은박지에서 연기가 모락모락 피어올랐다. 그리고 갑자기 훅하고 불이 붙었다. 옐로우 큐는 재빨리 마른 지푸라기에 불을 옮겨 붙이고는 모닥불을 피웠다.

"선생님, 대단하세요."

옐로우 큐는 놀라서 눈이 동그래진 아이들을 향해 어깨를 으쓱해 보였다. 그때 상백이 슬아를 보며 말했다.

"슬아의 공이 커요. 슬아 네가 껌을 가지고 있지 않았으면 절대 불을 피우지 못했을 거야."

"에이, 선생님이 스마트폰까지 희생했는데……."

슬아는 갑작스러운 상백의 칭찬에 부끄러워서 얼굴이 빨개진 채 옐로우 큐에게 말했다.

"선생님의 과학 지식이 우리를 살렸어요. 맛있는 생선구이도 부탁해요."

"난 요리사가 아니라네~."

옐로우 큐의 말에 아이들이 와하하 웃었다.

서연은 옐로우 큐에게, 상백은 슬아에게, 슬아는 선생님에게 불을 피운 공을 돌렸다. 서로가 서로를 칭찬하는 얼굴에 미소가 번졌다.

옐로우 큐는 칼로 나뭇가지를 깎아 기다란 꼬치를 만들어 생선을 끼웠다. 상백도 나무 막대기를 주워 와 작은 생선을 끼웠다. 둘은 빨갛게 타오르는 모닥불에 생선 꼬치를 올렸다. 모닥불 주변으로 둘러앉은 옐로우 큐와 아이들의 거리가 처음보다 한층 가까워졌다.

모닥불 열기에 생선이 구워지는 냄새가 고소했다.

상백이 입맛을 다시며 말했다.

"선생님, 저 생선구이가 몇 분 후에 저에게 올까요? 배고파서 현기증이 나요."

옐로우 큐는 노릇노릇한 생선 꼬치 하나를 꺼내서 잘 구워졌는지 이리저리 살펴보고는 상백에게 내밀었다.

"옜다! 상백이 너부터 먹거라."

상백은 받아든 생선구이를 옆자리의 슬아에게 슬쩍 건네며 말했다.

"슬아 덕분에 불을 피웠으니까요."

"고마워, 상백아."

"그래, 양보하는 마음이 아름답구나. 이제 다 구워졌으니 모두 하나씩 들어라."

옐로우 큐와 아이들은 꼬치를 들고 생선살을 뜯어먹었다.

"선생님, 생선에서 왜 꿀맛이 나죠? 생선구이 가게를 열면 손님들이 줄을 서겠어요."

"그것도 나쁘지 않아. 손님들에게 어류에 대해 말해 줄 거야. 하하하, 시장이 반찬이란다. 오랫동안 굶었잖니. 상백아, 아무리 맛있어도 가시까지 먹으면 곤란하다."

서연과 슬아는 상백과 옐로우 큐가 너스레를 떨며 주고받는 말에 배를 잡고 웃었다.

식사를 마친 후 옐로우 큐와 아이들은 움막 속으로 들어가서 타다닥 소리를 내며 타오르는 모닥불을 바라봤다.

"선생님, 배가 부르니 졸리네요."

"나도 그렇다네, 서연 학생."

옐로우 큐와 아이들은 오랜만에 깊은 잠에 빠져들었다. 누군가 숲속에서 자신들을 지켜보는 것을 전혀 알지 못한 채였다.

숲속 사람들은 긴 총을 들고 불침번을 서면서 밤새 옐로우 큐 일행을 감시했다. 동이 트자 그들은 숲속에서 걸어 나와 움막 앞에 섰다. 그리고 옐로우 큐 일행에게 총을 겨누며 정체를 드러냈다.

옐로우 큐의 수업 노트 02

생존 필수 조건, 물을 구하고 불을 피우자!

초4-2 물의 여행, **중2** 수권과 해수의 순환, 전기와 자기

하하하, 이 찌그러진 주전자가 우리에게 생명의 물을 줄 것이다.

개울물이 맑던데 그냥 마시면 되잖아요?

맑은 물이라도 세균이 있을지 몰라. 세균은 눈에 보이지 않잖아.

주전자로 물을 끓이자. 그럼 세균을 없앨 수 있어.

1. 마실 수 있는 물, 수질오염 지표종

여러분이 우리처럼 흐르는 물에서 민물새우와 가재를 발견했다면 그 물은 먹을 수 있는 1급수란다. 민물새우와 가재는 깨끗한 물에서만 살 수 있거든. 필요에 따라 안전하게 물을 이용하기 위해서 물의 오염 정도를 4단계로 구분해 두었어.

1급수 : 사람이 먹을 수 있단다.

2급수 : 정수해서 마셔야 해. 수영은 할 수 있지.

3급수 : 흙과 자갈 때문에 먹을 수 없지만 공업용수 등으로는 사용할 수 있어.

4급수 : 오염이 심해서 배탈, 구토, 피부병을 일으키지.

1) 마실 수 있는 1급수 지표종

1급수에 사는 생물은 민물가재, 플라나리아류, 가재류, 옆새우류, 버들치가 있어. 이처럼 물의 오염 정도를 알려 주는 생물을 수질오염 지표종이라고 해. 2급수에는 강하루살이나 잉어가 살고, 3급수에는 거머리, 물벼룩, 메기가, 4급수에는 모기 유충과 실지렁이가 살아. 1급수 지표종을 알아 두자! 만에 하나 조난하면 먹을 수 있는 물을 찾을 수 있도록!

열목어   옆새우   강도래   플라나리아   민물가재

정수기를 만들자

비가 많이 와서 1급수 개울물이 흙탕물이 되었다면 어떻게 할까? 이럴 때는 간이 정수기를 만들어 보자! 굵은 자갈, 가는 모래를 거치면서 흙탕물이 깨끗해질 거야. 중간에 있는 숯가루는 강한 흡착 성질을 가지고 있어서 오염 물질을 잘 걸러내지.

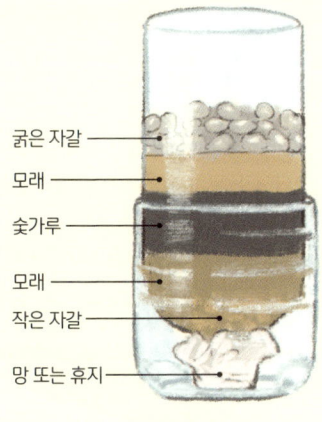

굵은 자갈
모래
숯가루
모래
작은 자갈
망 또는 휴지

① 주둥이를 천으로 막고 페트병의 중간을 자른다.
② 잘라낸 페트병의 아랫부분을 바닥에 세우고, 거기에 윗부분의 주둥이가 아래를 향하도록 꽂는다.
③ 그 안에 그림 순서대로 재료를 넣어 쌓는다.
④ 흙탕물을 붓는다.

2. 불 피우는 여러 가지 방법

1) 빛을 모아 불을 피우는 방법

성냥이나 라이터가 없다면 돋보기를 사용해 보자. 돋보기의 볼록렌즈는 빛을 모으는 성질이 있단다. 모아 놓은 낙엽이나 종이에 돋보기로 빛을 모으면 불을 붙일 수 있어. 돋보기가 없다면 동그란 얼음이나 물을 넣은 투명 비닐을 돋보기 대용품으로 쓸 수 있지.

볼록렌즈 돋보기로 빛 모으기

2) 마찰로 불을 피우는 방법

원시인은 마찰을 이용해 불을 피웠어. 나무판 위에 세운 나무 막대기를 양 손바닥으로 잡고 반복해서 돌렸지. 나무와 나무가 마찰을 일으켜 계속 열이 발생하면 불씨가 생겼어. 하지만 이 방법은 힘이 많이 들기 때문에 우리는 성공하기 힘들 거야. 그래서 원시인도 편리한 활비비를 생각해 냈어. 활줄에 나무를 한 바퀴 돌려 감고 반복해서 활을 밀고 당겨 나무를 회전시키면 힘을 적게 들이고도 마찰 강도를 높여서 불을 붙일 수 있어.

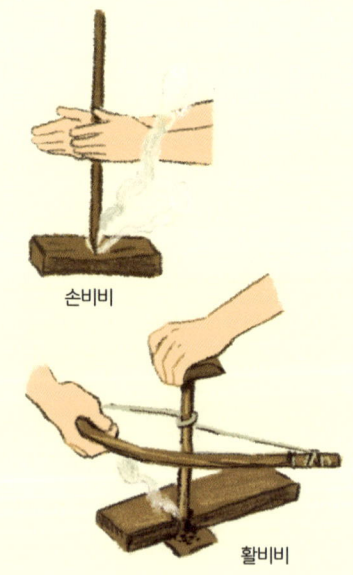

손비비

활비비

3) 전류를 이용해 불을 피우는 방법

현대에 사는 우리에게는 더 쉽게 불을 붙이는 방법이 있단다. 건전지를 이용하는 거지. 건전지에 은박지를 연결하면 은박지를 따라 전기가 흐르면서 열이 발생해 얇은 은박지에 불이 붙지.

건전지와 은박지로 불 피우기

3. 원시인의 집

집은 원시시대부터 위험한 동물과 추위, 더위를 막아주는 생존 필수 조건 가운데 하나였어. 원시인은 주로 동굴에서 지내다가 신석기 시대에 강가나 바닷가에 모여 살면서 집을 지었단다. 바로 원뿔형의 움집이야. 신석기 사람들은 먼저 집을 지을 터를 잡고 땅을 팠어. 자연스레 흙벽이 만들어졌지. 판 땅의 모퉁이에 네 개의 기둥을 세우고 기둥과 기둥을 가로지르는 도리를 얹었어. 그리고 서까래를 세워 구조를 만들었지. 구조 틀 위에 가는 나뭇가지나 갈대를 촘촘히 엮어 덮으면 끝! 땅을 파서 지은 움집은 흙바닥과 흙벽 덕분에 바깥보다 온도 변화가 적어. 움집은 여름에는 더위를 막아주고, 겨울에는 흙이 저장해 둔 열기를 내보내 집안 공기를 따뜻하게 하지. 지하실에 가면 여름에는 시원하고, 겨울에는 따뜻하잖아? 사람들은 움집 내부에 불 피우는 자리도 만들어 두었단다.

신석기 시대 움집

3. 살아남은 소년들
ㄴ생존 법칙 3. 날씨 예측

"꺅!"

"뭐, 뭐야?"

인기척에 눈을 뜬 슬아는 움막 앞에 우뚝 선 사람들을 보고 비명을 질렀다. 그 소리에 놀라 모두 잠에서 깨어났다.

움막 앞에 서서 옐로우 큐와 아이들에게 총을 겨누고 있는 이들은 십 대 어린 소년들이었다.

"모두 손 들고 밖으로 나와."

새벽 어스름에 자세히 보이지는 않았지만, 앳된 목소리가 이들이 사춘기가 지나지 않은 소년들임을 확실히 말해 주었다.

옐로우 큐가 말릴 새도 없이 상백이 벌떡 일어섰다.

"뭐야, 너희들?"

소년들이 들고 있는 총이 장난감이라고 생각했는지 상백은 겁 없이 덤볐다.

"상황 파악이 안되는 것 같군! 이 총은 가짜가 아니야."

탕! 맨 앞에 나선 소년이 총을 들어 허공에 대고 쏘았다. 총소리 가 어찌나 큰지 저절로 몸이 움츠러들었다. 먼 숲에서 새 날아가 는 소리가 들렸다.

총을 쏜 소년은 아이들의 대장처럼 보였다. 노랑머리와 푸른 눈동자의 그 아이는 꾀죄죄했지만 양복 정장을 갖춰 입고 있었다. 나머지 아이들 중 하나는 총을 쏜 소년과 키와 복장이 비슷했고, 둘은 훨씬 어려 보였다.

"너, 너희들 뭐야?"

"우린 이 체스터섬의 개척민이다. 잔말 말고 밖으로 나와."

옐로우 큐는 아이들에게 작게 속삭였다.

"애들아, 드디어 소설 속 주인공들과 만났나 보다. 일단 이들의 말에 잘 따라야 한다는 점 잊지 말거라."

옐로우 큐는 소년들을 안심시키려 두 손을 펼쳐 보이며 천천히 나갔다. 상백이 옆에 섰고 서연과 슬아는 그 뒤를 쫓았다.

키 작은 소년이 대장 소년에게 떨리는 목소리로 말했다.

"도니펀 형, 어른이 있어."

대장 소년의 이름은 도니펀이었다.

"월콕스, 쓸데없는 소리 하지 마! 웹과 너는 총을 잘 겨누고 있어. 언제라도 발사할 수 있게 말이야."

대장 도니펀과 또래로 보이는 소년이 말했다.

"크로스, 꼬맹이들이 야만인을 처음 봐서 겁을 먹은 거야. 월콕스, 웹, 걱정 마라. 이 도니펀 형이 있잖아."

도니펀은 아직 앳된 소년의 얼굴이었지만, 다 큰 어른인 척 말했다. 고집이 세고 오만해 보였다.

"어이, 야만인들! 너희가 타고 온 배는 어딨어?"

도니펀이 일행에게 총을 겨누고 말했다.

"누가 야만인이야? 총이 없으면 힘도 못 쓰는 놈들이."

야만인이라는 소리에 화가 난 상백이 대들었다. 상백의 도발에 도니펀의 얼굴이 구겨졌다.

"너희는 백인이 아니잖아. 그러니까 야만인이지."

"인종차별주의자 같으니……."

"후훗, 지금 다른 나라에서 노예해방이니 뭐니 하며 평등을 주장하며 나선다더니, 너희도 그런 자들이냐? 좋아, 그럼 결투다. 정정당당하게 승부를 겨뤄 주지."

"비겁하게 총을 들고 싸우진 않겠지?"

도니펀보다 작지만, 강단이 있는 상백은 도니펀의 결투 신청을 피하지 않았다.

"상백 학생, 이러면 좋을 게 없어. 다시 돌아가려면 이들의 도움이 필요하단 말이야."

옐로우 큐가 상백을 말렸다.

"필요 없어요. 선생님은 자존심도 없어요? 우리 보고 야만인이라고 하잖아요."

옐로우 큐는 서연과 슬아에게 도와 달라는 눈짓을 보냈다. 슬아가 상백의 팔을 잡았다.

"상백아, 참자."

상백이 슬아의 말에 주춤했다. 그러자 도니편이 더욱 도발해 왔다.

"흥, 그나마 용기 있는 놈인 줄 알았더니, 여자 치마폭에서 놀아나는 찌질한 놈이군."

그 말에 상백이 폭발했다. 상백은 주먹을 들고 달려나갔다.

도니펀은 복싱 자세를 취하더니 날아오는 상백의 주먹을 가볍게 피했다. 그리고 오른손을 상백의 복부에 꽂아 넣었다. 상백은 고통스러운지 배를 움켜잡고 무릎을 꿇었다.

"이 자식들, 멈추지 못해!"

갑자기 서연이 달려나가 오른발 돌려차기를 했다. 서연은 태권도 2품이다. 태권도 도장에서 웬만한 남자들과 겨루어도 이겼다.

도니펀은 복싱 자세로 발차기를 막고는 뒤로 물러섰다.

"뭐야? 이래 봬도 난 신사야. 여자는 상대하지 않아."

"자꾸, 여자, 여자 할래? 어서 덤벼!"

"서연 학생, 너까지 왜 그래?"

도니펀
열세 살 영국 소년으로 머리가 좋고, 활동적이지만, 독선적이고 오만한 성격으로 아이들에게 인정받지 못한다. 동갑내기 브리앙에게 경쟁심을 느끼고 사사건건 그를 이기려고 한다.

다시 태권도 자세를 잡는 서연을 옐로우 큐가 잡았다.

"선생님, 말리지 마세요. 쟤들은 인종차별에 성차별까지 하는 놈들이에요."

"서연 학생, 옛날에 흑인은 노예였고 여성은 투표권이 없었어. 옷차림으로 보아 저들은 그런 시대의 아이들일 거야."

"그럼, 억울하게 그냥 당하고 있어요?"

"이 방법은 아니야. 일단 이야기로 풀어 보자. 응?"

그제야 서연은 쥔 주먹을 내렸다. 서연이 물러서자 도니펀은 어린 윌콕스에게서 총을 받아 다시 들었다.

"도니펀 학생, 난 옐로우 큐란다. 선생님이지."

"선생님? 그럼 야만인이 아니에요?"

"너희가 말하는 야만인은 섬의 원주민을 말하는 거니? 우리는 아시아 대륙에서 왔단다."

"아시아라면 혹시 청나라가 있는 대륙을 말하는 거예요?"

도니펀이 중국을 아는 것 같았다. 1800년대의 중국 청나라라니……. 그렇다면 같은 시대의 조선을 알까?

서연이 이런 생각을 할 때, 옐로우 큐가 도니펀에게 물었다.

"맞아, 우리는 아시아인이야. 학생, 지금이 몇 년도지?"

도니펀은 1861년이라고 대답했다. 1861년이면 유럽 열강들이 함선을 타고 바다 건너 다른 대륙으로 가서 식민지 쟁탈전을 할 시기다. 지금 어떤 소설 속으로 온 걸까?

"너희 일행 중에 어른은 없니?"

"없어요. 우리들뿐이라고요."

"왜 쓸데없는 말을 하고 그래!"

불쑥 나서 대답한 어린 웹에게 도니펀이 화를 냈다. 도니펀 일행이 공격적인 건 위험에 대한 경계심 때문이었다.

"그래? 우리는 나쁜 사람이 아니야. 너희를 도울 수 있어."

옐로우 큐는 이들의 경계심을 누그러뜨리기 위해 애를 썼다.

"어떻게 도울 수 있다는 거예요?"

"아까 이곳이 체스터섬이라고 했지. 너희는 여기가 어딘지 알고 있니? 난 이 섬의 위치를 알고 있단다."

옐로우 큐의 말에 도니펀의 푸른 눈이 빛났다. 다른 아이들의 눈도 커졌다.

"이곳은 남아메리카 대륙 칠레의 끝이란다. 위도는 남위 51°, 경도는 서경 75°야."

"마젤란 해협 근처군요. 그럼 우리는 뉴질랜드에서 남태평양을 건너온 거네요."

슬아가 옐로우 큐에게 다가와 작은 소리로 말했다.

"선생님, 기억났어요. 이 소설은 『15소년 표류기』예요. 도니펀은 열다섯 명 소년을 이끄는 지도자 중 한 명이에요. 독선적이고 오만한 성격이죠."

『15소년 표류기』라면 19세기 영국 식민지 뉴질랜드에 살고 있던 열다섯 명 소년이 무인도에 표류해서 2년 동안 살고 탈출하는 이야기이다. 서연은 그 책을 알고 있었다.

"그래? 슬아 학생 잘했다. 이제 협상하기 쉬울 거야. 상백 학생도 일단 저들의 말을 들어라. 어린 소년들이라고 만만하게 보면 안 돼. 저 시대에는 어릴 때부터 학교에서 복싱, 펜싱, 심지어 사격도 배운단다. 명예를 지키기 위해 결투하고 죽음도 불사하던 시대야."

상백은 억울했지만 입을 다물었다. 옐로우 큐가 말했다.

"도니펀 학생, 너희 일행이 또 있지? 일단 거기로 가자. 너희가 이 섬을 탈출하도록 도와줄게."

"당신이 우리를 도와준다는 말, 어떻게 믿죠?"

도니펀은 갈등하고 있었다. 낯선 사람을 자신들의 은신처로 데려갈 수도, 탈출을 돕겠다는 사람을 무시할 수도 없는 일이었다.

"좋아. 깜짝 놀랄 만한 것을 보여주지."

옐로우 큐는 아껴 둔 은박 껌 종이를 꺼내 배터리에 연결해 다시 불을 붙였다. 이를 본 도니펀 일행은 입이 떡 벌어졌다. 이 시대에는 감히 상상조차 할 수 없는 마술 같은 일이었다. 하지만 도니펀의 반응은 예상과 달랐다.

"쳇! 불은 우리도 얼마든지 붙일 수 있어요."

그때였다. 하늘에서 번쩍하고 번개가 치더니, 잠시 뒤 우르르 쾅쾅 천둥이 울렸다. 하늘에는 온통 먹구름뿐이었다. 하늘을 올려다본 도니펀의 얼굴이 일그러졌다. 굵은 빗방울이 하나둘씩 얼굴을 때리기 시작했다. 비는 금방 멈출 것 같지 않았다.

"도니펀 학생, 일단 비를 피하자. 좁지만 움집으로 들어가자."

도니펀은 자신은 괜찮지만 어린 동생들을 비 맞게 할 수 없다며 못 이기는 척 움막으로 들어왔다. 네 명의 도니펀 일행과 네 명의 옐로우 큐 일행이 좁은 움집에 들어앉아 폭우를 바라보았다.

번쩍! 우르르 쾅쾅! 저 멀리 바다에서 번개가 거미줄처럼 퍼졌고, 잠시 후에는 천둥소리가 천지를 움직일 듯 울렸다.

윌콕스가 번개를 보면서 물었다.

"도니펀 형, 번개가 친 후에는 왜 천둥이 울려?"

"속도 차이란다."

도니펀이 대답하기도 전에 가르치는 걸 좋아하는 옐로우 큐가 손가락을 하나 들었다. 과학 강의를 시작하려는 모양이었다.

"빛의 속도는 무려 초속 30만 km란다. 지구 둘레가 4만 km이니 빛은 1초에 지구 일곱 바퀴 반을 돌 수 있지."

어린아이들이 눈을 반짝이며 옐로우 큐의 설명에 집중했다.

"우와, 엄청난 속도예요."

"번개처럼 빠르다는 말이 맞네요."

"그렇단다. 너희들 소리도 속도가 있는 것을 아니? 소리는 초속 340m란다. 저 먹구름에서 쾅 하고 번개가 치면 속도가 빠른 빛은 바로 보이고, 속도가 느린 소리는 나중에 들리는 거지."

"우왕, 신기하네요."

"그럼 번개가 치는 먹구름이 여기서 몇 미터의 거리에 있는지 계산해 볼까? 자, 번개가 치기를 기다리자."

일행 모두 숨죽여 하늘을 보고 있을 때 번개가 번쩍였다.

"1초, 2초, 3초, 4초."

옐로우 큐가 4초를 말했을 때, 우르르 쾅쾅 천둥소리가 들렸다.

"자, 윌콕스 학생. 이곳과 먹구름 사이의 거리는?"

윌콕스는 손가락 발가락을 접었다 폈다 했지만, 아직 계산이 서툴렀다. 윌콕스 대신 도니펀이 대답했다.

"1,360m. 초속 340m의 소리가 4초 후에 울렸으니까 둘을 곱해야지. 윌콕스, 비록 우리가 이 섬에 표류해 있지만 공부는 열심히 했잖아. 넌 제대로 안 한 거니? 앞으로 열심히 해라."

도니펀의 핀잔에 윌콕스는 기가 죽은 표정으로 고개를 끄덕였다.

"윌콕스라고 했니? 걱정하지 마라. 너희 형이 우릴 받아 준다면 이 똑똑한 누나가 너의 공부를 도와줄 거야."

옐로우 큐는 윌콕스를 향해 눈을 찡긋해 보이고는 손가락으로 서연을 가리켰다. 그리고 설명을 이어갔다.

"번개는 일종의 전기야. 맞으면 감전돼서 죽을 수 있어. 번개가 칠 때 큰 나무 아래로 피하지 마. 평지에서 우산을 들고 있어도 안 돼. 번개는 가장 가까운 곳으로 내리치니까."

아이들은 고개를 끄덕였다.

"**날씨를 예측하는 건 생존 가능성을 높이는 중요한 일**이야. 원시인들은 날씨 때문에 불안에 떨었어. 갑자기 폭우가 쏟아지고 폭설이 내리면 꼼짝없이 당했지. 인류는 반복되는 자연 현상을 관찰해서 날씨를 예측하는 힘을 길렀단다. 예를 들어 개미가 떼

지어 이동하거나 제비가 낮게 날면 큰 비가 온단다."

서연은 도니펀 일행 보란 듯이 옐로우 큐를 추어올렸다.

"옐로우 큐 선생님이 계셔서 우리는 아무 걱정 없어요. 그런데 날씨 예측에 어떤 과학적인 근거가 있나요?"

"있지. 개미는 매우 민감한 감각 기관을 가지고 있어서 사람보다 먼저 날씨 변화를 알아채지. 개미굴이 물에 잠기기 전에 안전한 곳으로 이동하는 거야. 나머지도 천천히 알려 줄게."

옐로우 큐는 도니펀 일행이 흥미로워하는 딱 그 지점에서 이야기를 마치고 서연에게 눈짓을 보냈다. 서연은 도니펀 일행의 마음이 기울고 있는 걸 눈치채고 옐로우 큐에게 한 번 더 날씨와 과학 이야기를 해달라고 신호를 보냈다.

"너희들이 언제 이 섬에 조난된 거지?"

옐로우 큐가 묻자 도니펀이 대답했다.

"2월 14일에 우리는 이 무인도로 밀려왔어요."

"오늘 날짜는?"

"4월 20일이에요. 물론 거기에 1년을 더해야 하지만요."

"그렇군. 너희 힘으로 긴 겨울을 버텨 내다니 대단하구나."

도니펀이 눈을 동그랗게 뜨고 물었다.

"긴 겨울을 보냈다는 건 어떻게 아셨죠?"

"이곳이 남위 51°라고 했잖아. 사계절이 뚜렷한 중위도 지역이야. 봄에는 꽃이 피고 잎이 싹 트지. 여름에는 30도가 넘는 무더위가 이어질 거야. 해가 짧아지면서 가을이 되면 식물이 열매를 맺었겠지. 그때 겨울 식량을 비축해 두었니? 겨울은 정말 길고 추웠을 거야. 눈도 많이 내렸을 거고 넓은 호수가 꽝꽝 얼었지?"

비는 어느새 그쳤다. 마침내 도니펀은 옐로우 큐 일행에게 자신들의 은신처로 함께 가자고 말했다. 옐로우 큐의 과학 지식이 자신들에게 도움이 될 거라고 판단한 것이다.

"단, 지금 당신들은 포로입니다. 그곳엔 우리 친구들이 있어요. 투표를 해서 여러분과 어떤 관계를 맺을지 결정할 겁니다."

옐로우 큐가 도니펀 일행의 제안을 받아들였고, 함께 움막을 나와 길을 나섰다. 그들의 은신처는 15km 정도 떨어진 곳에 있다고 했다. 족히 3시간은 걸릴 거리였다. 도니펀이 앞장섰고 옐로우 큐 일행이 따랐다. 그 뒤로 크로스, 웹, 윌콕스가 따라왔다.

상백은 옐로우 큐에게 위도에 따라 날씨가 다른 이유를 물었다가, 목적지까지 가는 내내 태양 열과 대기순환과 날씨에 대해 길고 긴 설명을 들어야 했다.

∞∞∞∞∞

산길을 따라 도착한 곳은 절벽 아래 동굴이었다.

소년들은 이곳을 프랑스인 동굴이라고 불렀다. 처음 동굴을 발견했을 때 동굴 안에 프랑스인의 백골이 있었다. 소년들보다 먼저 표류해 살았던 사람이었을 것이다. 소년들이 그를 기념하며 동굴에 이름을 붙였다고 슬아가 소설 내용을 말해 주었다.

동굴로 들어갔던 어린아이들이 다시 밖으로 나왔다. 그 뒤로 도니펀 일행과 비슷한 또래의 소년들이 무리 지어 따라 나왔다. 그들 중에는 초등학생 1학년 정도로 보이는 아이도 있었다.

소년들은 옐로우 큐 일행을 보고 놀라며 경계했다. 무인도에서 낯선 사람을 만났으니 그럴 만도 했다.

일행 중 가장 나이가 많아 보이는 두 소년이 다가와 물었다.

"도니펀, 이 사람들은 누구야? 섬의 원주민이야?"

도니펀은 어깨를 으쓱하더니 말했다.

"브리앙, 저들은 청나라 사람이야. 너도 대륙 동쪽의 아시아를 알지?"

브리앙이라는 소년은 밝은 갈색 곱슬머리였고 도니펀과 달리 표정이 부드럽고 온화했다. 옷차림도 조금은 자유롭게 보였다.

"물론 알지. 동방을 지배하는 거대한 제국이잖아."

도니펀은 고개를 절레절레 흔들고 브리앙에게 말했다.

"잊지 마. 우리 대영제국이 청나라를 이겼다는 사실 말이야."

서구 열강들이 전 세계에 식민지를 만들었던 시기, 최강대국은 단연 영국이었다. 도니펀은 그런 자신의 나라 영국에 대한 자부심이 대단했다. 당시 영국은 호주와 뉴질랜드도 정복하고 영국인을 이주시켰다. 도니펀은 뉴질랜드로 이주한 영국인이었다.

서연은 자신들을 중국인이라고 말하는 게 거슬렸다. 대한민국 사람임을 분명히 말해 둘 필요가 있었다.

"우리는 중국, 아니 청나라 사람이 아니야. 대한민국, 아니 조선 사람이야."

"조선? 그럼 청나라 너머에 있다는 섬나라야?"

브리앙이 물었다.

"흠, 그건 일본이고. 조선은 청나라와 일본 사이에 있는 나라야. 그게 대한민국! 바로 우리나라라고."

"일본 사람들이 영국에 공부하러 온다는 소리는 들었지만, 조선이라는 나라는 몰라."

도니펀이 코웃음을 치며 말했다.

"두고 봐. 대한민국의 BTS와 K 문화가 세계를 흔들 거라고!"

"쳇, 헛소리. 세계 최강은 영원히 대영제국이야. 너희는 포로라는 걸 잊지 마!"

브리앙
열세 살 프랑스 소년으로 자유로운 기질을 가지고 있다. 타고난 정의로움과 용감함으로 친구들의 사랑과 신뢰를 받아 체스터섬의 2대 지도자로 선출되어 리더십을 발휘한다.

상백이 다시 화난 얼굴로 한 걸음 앞으로 나섰다. 옐로우 큐는 서둘러 상백을 잡아끌고, 서연을 말렸다.

분위기가 험악해지자 브리앙이 나섰다.

"도니펀, 우리는 지성인이야. 어른이 있지만 저들은 어린아이잖아. 여자가 두 명이나 있고. 너희 영국은 신사의 나라라며."

"너는 지나치게 자유로운 게 탈이야. 우리를 해치려는 첩자인지도 모르잖아."

도니펀은 브리앙에게 지지 않고 맞섰다.

"말도 안 돼! 그럼 누가 첩자를 보냈어?"

"브리앙 학생은 도니펀보다는 똑똑한 것 같군."

브리앙을 편들고 나서자 도니펀이 옐로우 큐를 노려봤다. 슬아가 옐로우 큐 뒤에서 조용히 말했다.

"선생님, 도니펀과 브리앙을 비교하지 않는 편이 좋겠어요. 브리앙은 도니펀과 달리 자유롭고 성격이 좋아서 소년들이 좋아하고 잘 따라요. 그런 브리앙을 도니펀은 시기하고 있죠."

옐로우 큐는 고개를 끄덕이고 브리앙에게 말을 걸었다.

"브리앙 학생, 우리는 너희와 같은 조난자라네. 우리 힘을 합쳐 이 섬을 탈출하세나."

브리앙은 도니펀을 바라봤다.

"도니펀, 너 이것저것 모두 말해 버린 거야?"

"헛소리! 저 바나나 같은 어른이 혼자 추측해서 말하는 거야."

"브리앙 학생, 도니펀 학생 말이 맞네. 모두 추측한 거야. 하지만 난 과학자라네. 여기가 마젤란 해협 근처인 것도 알아냈어."

"브리앙, 도니펀, 이쯤에서 이들과의 관계를 정리하는 것이 어때? 동료 아니면 포로?"

뒤에서 지켜만 보던 소년이 중앙으로 나서며 말했다. 키가 옐로우 큐와 거의 맞먹었고 의젓해 보였다.

브리앙이 그 소년의 어깨에 손을 올리며 말했다.

"고든, 네 생각은 어때?"

"브리앙, 우리끼리 회의해서 저들에게 알리자. 물론, 최종 결정은 지도자인 네가 할 일이야."

슬아가 재빨리 고든에 대해 말해 주었다.

"고든은 체스터섬의 1대 지도자였어요. 사사건건 대립하는 브리앙과 도니펀의 가운데서 합리적인 결정을 끌어내죠."

"슬아 학생, 고맙네. 슬아가 이 소설을 읽지 않았다면 더 어려웠을 거야."

브리앙과 고든, 도니펀, 세 명의 지도자 소년이 모여 회의를 했다. 분위기가 사뭇 진지하고 심각했다.

서연은 저들의 포로가 되어 지내지 않기를 바라며 조마조마한 마음으로 소년들의 결정을 기다렸다.

브리앙과 고든은 옐로우 큐 일행에게 적대적이지 않았다. 도니펀도 옐로우 큐의 과학 지식에 기대감이 있는 듯 보였다. 그러나 도니펀이 브리앙의 의견에 사사건건 비판적인 태도를 보이니 어찌 될지 모르는 일이었다.

마침내 회의를 끝내고 브리앙이 다가왔다.

"옐로우 큐 선생님이라고요?"

"그래, 브리앙 학생."

"이 체스터섬의 일원이 되는 것을 허락하지요."

"고맙네, 브리앙."

"하지만 동굴 숙소는 좁아서 함께 지낼 수 없어요. 바깥에 천막을 치고 지내세요."

"우리는 천막으로 충분하다네."

"곧 겨울이 올 거예요. 천막에서 겨울을 나긴 힘들죠. 우리는 동굴 확장 공사를 준비하고 있었어요. 힘을 보태 주세요."

"당연하지. 고맙네, 친구들."

브리앙이 손을 내밀자 옐로우 큐가 그 손을 맞잡고 악수했다.

이로써 옐로우 큐와 아이들은 체스터섬의 일원이 된 것이다.

브리앙이 소년들에게 소리쳤다.

"자, 오늘은 우리 체스터섬이 이주민을 받아들인 첫날이다. 환영의 축배를 들자!"

소년들이 환호성을 질렀다.

서연의 눈에는 브리앙이 단연 돋보였고 그의 리더십이 멋져 보였다. 브리앙은 다른 지도자들과 의논해서 신중하게 결정한 뒤 중요한 의미를 실어 선언했다. 다른 이들의 동의와 감동을 이끌어 낼 줄 아는 지도자였다.

반면, 도니펀은 못마땅한 얼굴이었다. 도니펀이 무리의 리더가 아니라는 것에 불만을 품고 있다고 슬아가 말해 주었다.

옐로우 큐의 수업 노트 03

날씨를 예측해서 생존 가능성을 높여라!

초5-2 날씨와 우리 생활, **중3** 기권과 날씨

아픈 허리를 두드리며 할머니께서 하시는 말씀. "비가 오려나?" 진실일까? 거짓일까?

진실! 우리 할머니가 무릎이 쑤신다고 하시면 어김없이 소나기가 내렸어.

날씨 예보를 미리 보신 게 아닐까?

뭔가 과학적 원리가 있기는 한 것 같은데…….

1. 위도에 따라 다른 날씨

위도에 따라 지표가 태양열을 받는 정도가 달라진단다. 저위도인 적도 지역은 태양 빛을 수직으로 받기 때문에 단위 면적당 에너지가 많아져서 기온이 올라가지. 덩달아 바닷물도 많이 증발하기 때문에 비도 많이 내려. 이렇게 저위도 지역은 열대 우림 기후가 만들어지지. 반면 중위도 지방은 지구가 공전하면서 여름철에는 태양 빛을 많이 받고 겨울철에는 적게 받아서 4계절이 만들어진단다. 마지막 고위도 극지방은 항상 태양 빛을 비스듬히 받기 때문에 단위 면적당 에너지가 적어서 항상 추운 한대 기후가 만들어지는 거란다.

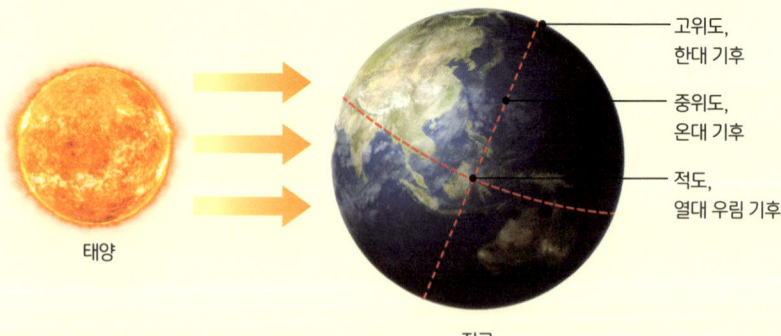

2. 지역에 따른 날씨와 대처 방법

1) 적도 지방

적도 지방은 비가 많이 오는 열대 우림 기후야. 연중 기온이 20도가 넘고 1년 내내 비가 많이 와. 나무가 빽빽하게 자라 수많은 동물들이 사는 정글이 되지. 지구에서 태양열을 가장 많이 받는 지역이라서 대기가 금방 뜨거워져. 뜨거워진 대기가 상승해서 커다란 구름을 만들고 무거워진 구름이 비를 뿌리는 거야. 적도 지역에서 무더위와 비, 위험한 동물을 피하려면 어떤 집을 지어야 할까?

적도 지방에서 안전한 집짓기

2) 중위도 지방

중위도 지방은 4계절이 뚜렷한 온대 기후에 속해. 인간이 거주하기에 알맞은 기후라서 많은 사람이 살고 있어. 이 지역에서는 여름 장마와 겨울 한파를 조심해야 해. 여름에 차가운 공기와 뜨거운 공기가 만나 장마전선을 만들면 많은 비가 내린단다. 또 대륙의 차가운 고기압 때문에 강물까지 얼어붙는 겨울 한파가 발생하지.

겨울 한파

폭우

3) 극지방

양 극지방에 나타나는 추운 기후를 한대 기후라고 해. 눈과 얼음으로 뒤덮인 빙설 기후 지역에는 사람이 살지 않지만 툰드라 기후 지역에서는 사람이 살고 있어. 하지만 툰드라 기후 지역도 가장 따뜻한 날의 기온이 0도에서 10도 사이일 정도로 무척 추워. 농사는 짓지 못하고 순록을 키우거나 수렵 활동을 해. 차가운 바람을 막기 위해 순록 가죽으로 움막을 짓고, 체온 유지를 위해 동물 털가죽 옷을 입지. 이곳에서 조난하면 눈이나 얼음을 녹여 마시고, 얼음을 벽돌처럼 쌓고 틈새에 눈을 밀어 넣어서 이글루를 만들고 눈보라와 추위를 피해야 해.

이글루

툰드라 기후 지역의 사람들

3. 날씨를 예측하는 속담

1) 제비가 낮게 날면 비가 온다

제비는 곤충을 잡아먹어. 곤충은 습도에 영향을 많이 받는단다. 습도가 높으면 곤충은 날개가 무거워져 높이 날지 못해. 그래서 습도가 높은 날, 제비는 곤충을 사냥하기 위해 낮게 나는 거란다. 제비가 낮게 날면, 곤충 날개가 높은 습도 때문에 무거워졌구나. 습도가 높으니 비가 올 확률도 높겠구나! 하고 예측할 수 있지.

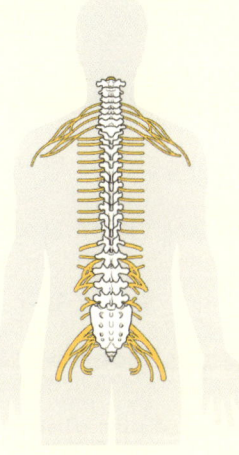

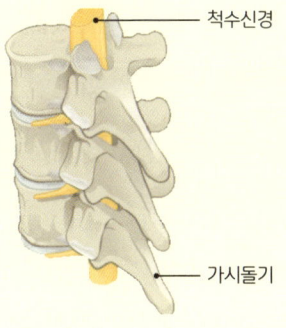

척수신경

가시돌기

2) 할머니 허리가 쑤시면 비가 온다

날씨가 흐리면 허리 통증과 무릎 통증을 호소하는 사람들이 많아. "허리가 아프네. 비가 오려나." 할머니의 이런 말씀에 과학적 근거가 있을까? 정확하게 확인되지는 않았지만 틀린 말만은 아니야. 먼저, 허리뼈의 구조를 알아보자. 몸을 지탱하는 척추뼈에는 공간이 있어. 그 공간으로 척수신경이 지나가. 평소 척추뼈 공간은 일정한 압력을 유지하며 몸 밖의 대기압과 균형을 이루고 있어. 그런데 저기압 날씨에는 외부 압력이 낮아진 대신, 상대적으로 뼛속 압력이 높아지지. 이때 척추 주변 조직이나 뼈가 척수신경을 누르면서 통증이 느껴지는 거야. 노인의 척추는 오랜 세월 중력을 받아서 척추뼈 사이 공간이 이미 좁아져 있어. 거기에 압력을 가하면 더 심한 통증을 느끼겠지?

4. 체스터 병원
ㄴ생존 법칙 4. 기초 의학

15 소년은 뉴질랜드 체어맨 기숙학교 학생들이다. 여름방학 동안 바다 여행을 떠나기로 계획했었는데, 아이들만 먼저 탄 배가 그만 바다 한가운데로 떠밀려 간 것이다. 항구에 단단히 묶여 있던 배가 왜 표류하게 되었는지 소년들은 이유를 알지 못했다. 배가 육지에서 멀어진 것을 알았을 때는 되돌릴 수 없었다. 엎친 데 덮친 격으로 폭풍까지 불어닥쳤기 때문이다. 배에 타고 있던 수습 선원 모코 덕에 간신히 배를 운항해 폭풍을 견뎌냈다. 그렇게 조난한 소년들은 남태평양을 건너 남아메리카 대륙의 마젤란 해협까지 도달한 것이다. 옐로우 큐 일행이 이들을 만난 것은 조난 후 약 1년이 지난 때였다.

아이들은 자신들의 학교 이름을 따와 이 섬을 체스터섬이라고 정했고, 스스로를 개척민이라 여기며 살아가고 있었다. 비록 소년들이었지만 상당히 체계적이고 규칙적으로 생존 방식을 터득해 나갔다. 지도자를 뽑아 중요한 결정을 했고, 동굴을 찾아 혹독한 겨울을 버텨 냈다. 조난 당시 배의 물건들은 모두 동굴로 가져왔다. 동굴 한쪽에 우리를 만들어서 사냥한 야생 동물을 가축으로 키웠고, 새와 작은 동물로 단백질을 보충했다. 하지만 아직 어린아이들이라서 큰 배를 만들거나 수리할 수 있는 기술은 없었다. 섬을 탈출할 방법을 찾지 못한 채 그저 버텨 내고 있었다.

나름의 방법으로 그럴싸한 사회를 만들어 살아가는 소년들에게도 문제는 있었다. 바로 기초 의학 지식이 없다는 것이었다.

"사느냐 죽느냐, 기초 의학이 문제로다."

체스터섬의 일원이 되고 얼마 지나지 않아 숲에서 모여 노는 아이들을 바라보던 옐로우 큐가 중얼거렸다.

"선생님, 무슨 말씀이세요?"

서연의 물음에 옐로우 큐가 걱정스러운 얼굴로 말했다.

"시대가 시대인 만큼 저 아이들은 세균과 바이러스도 모를 거야. 게다가 약도 없잖아. 비위생적인 환경에서 큰 상처를 입으면 감염으로 죽을 수도 있어. 살아서 이 섬을 나가려면 기초 의학 정도는 알고 있어야 해."

서연은 옐로우 큐의 말을 듣고 브리앙을 찾아가 아이들의 건강과 위생을 어떻게 관리하는지 물었다. 브리앙은 여름에는 흐르는 강물에 몸을 씻지만 겨울에는 그럴 수가 없다고 말했다. 덧붙여 다쳤을 때 제대로 치료하지 못해서 상처 부위가 곪곤 한다며 걱정했다.

소년들과 합류하고 한 달쯤 지났을 때, 옐로우 큐의 말은 현실이 되었다. 3학년 젠킨스가 나무에서 떨어지는 바람에 허벅지가 4센티미터나 찢어진 것이다. 비명에 가까운 젠킨스의 울음소리를 듣고 서연이 달려왔을 때 옐로우 큐가 젠킨스의 상처를 살펴보고 있었다. 허벅지를 누르고 있는 수건은 벌써 빨갛게 물들어 있었다. 깊은 상처를 보고 울음을 터트리는 아이도 있었다.

"걱정하지 마. 옐로우 큐 선생님이 치료해 주실 거야."

브리앙이 자상한 목소리로 젠킨스를 안심시켰다.

젠킨스는 소매로 눈물을 훔치며 울음을 참았다. 하지만 상처 부위를 만질 때마다 고통이 심한지 얼굴이 일그러졌다.

"브리앙 학생, 출혈이 가장 큰 문제라네."

"그동안은 상처가 크지 않아서 세게 누르고 있으면 피가 멎었는데, 이번에는 상처가 크고 깊어서 피가 멈추지 않아요. 선생님, 어떡하면 좋죠?"

"일단 감염되지 않도록 소독하고 상처를 꿰매야 해. 학생들, 바느질 도구는 있니?"

옐로우 큐의 말이 끝나기도 전에 브리앙이 수습 선원 모코에게 지시했다.

"모코, 어서 바느질 도구를 가져와."

"세균에 감염되면 큰일 나. 소독용 알코올이 없을 테니 어서 물을 끓이게. 뜨거운 물을 준비해 줘."

이번에도 브리앙이 서둘러 지시했고, 소년들은 빠르게 움직였다. 서연과 브리앙은 젠킨스를 부축해 천막으로 옮기고 나무로 만든 침대 위에 눕혔다.

옐로우 큐는 먼저 깨끗한 물로 상처 부위를 씻어냈다. 젠킨스의 찢어진 허벅지 틈으로 피가 울컥 새어 나왔다.

옐로우 큐가 브리앙에게 지시했다.

"뜨거운 물에 바늘과 실을 넣게나."

브리앙은 최선을 다해 옐로우 큐를 도왔다.

옐로우 큐는 뜨거운 물에 소독한 바늘을 꺼내 바늘귀에 실을 꿰었다.

"옐로우 큐 선생님, 세균이 뭐예요?"

브리앙이 걱정스러운 얼굴로 물었다.

"세균은 눈에 보이지 않는 미생물을 말한다. 세균은 어디에나 있지. 우리가 먹는 물에도 있고, 손에도 엄청 많아. 세균 때문에 질병이 생기는 거야. 하지만 세균도 생물이니까 끓는 물로 죽일 수 있지."

브리앙은 세균이라는 말을 들어 보지 못했을 것이다. 짚신벌레나 아메바 같은 원생동물은 배웠겠지만, 옐로우 큐가 말한 대로 이 당시는 '세균'이나 '감염'의 개념이 알려지지 않은 때이다. 미생물에 관한 연구가 시작되었지만, 브리앙이 알 리는 없었다.

"젠킨스 학생, 많이 아플 거야. 잘 참을 수 있지?"

젠킨스는 수건을 입에 물고 고개를 끄덕였다.

옐로우 큐는 동물 실습 때 수술한 경험이 있다며 아이들을 안심시켰다. 젠킨스는 바늘이 살을 찔러 들어갈 때마다, 이를 악물었다. 신음이 새어 나왔지만 의젓하게 잘 참아냈다.

"아직 어린데 마취도 없이 살을 꿰매는 고통을 너무나 잘 참았어."

치료를 마친 옐로우 큐는 형들이 지켜보는 가운데 젠킨스를 칭찬해 주었다. 그리고 브리앙을 돌아보며 말했다.

"혈액은 우리 몸무게의 8% 정도 된단다. 젠킨스 몸무게가 30kg 정도니 몸에 2.4L의 혈액이 돌고 있지. 피를 많이 흘렸어. 조금만

늦었어도 위험할 수 있었단다. 브리앙, 내 지시를 잘 따라줘서 고맙구나."

실로 다섯 바늘이나 꿰맸다. 이제 세포들이 분열하면서 살은 저절로 붙을 것이다. 치료가 끝나자 젠킨스는 그대로 잠이 들었다.

브리앙이 그 모습을 보고 옐로우 큐에게 고개 숙여 인사했다.

"감사합니다, 옐로우 큐 선생님. 선생님이 안 계셨다면 큰일 날 뻔 했어요. 서연아 고마워. 너도 큰 도움이 되었어."

"브리앙 학생, 저대로 두면 살은 붙겠지만, 세균 감염이 걱정이네. 알코올로 소독해야 상처가 곪지 않고 나을 텐데 말이야."

뒤에서 잠자코 있던 서연이 말했다.

"선생님, 동굴 창고에 술이 엄청나게 많아요. 그 술에서 알코올을 구할 수 있지 않을까요?"

"맞아. 그 방법이 있었지."

"어떻게 술이 알코올이 되죠? 선생님."

브리앙이 눈빛을 반짝이며 물었다.

"술에는 물과 에탄올이란 알코올이 섞여 있어. 알코올을 얻으려면 혼합물을 분리하는 분별 증류 방법에 대해 알고 있어야 하지. 물은 100도에서 끓고, 에탄올은 78도에 끓기 때문에 끓는점의 차이를 이용하여……."

"선생님, 실습을 하면서 강의를 하시는게 더 좋겠어요."

서연은 과학 강의를 시작하려는 옐로우 큐를 막았다.

"좋아. 그럼 브리앙은 나와 순도 높은 알코올을 만들자. 너희 술을 써도 되겠지, 브리앙?"

브리앙은 흔쾌히 대답했다.

"선생님, 마음대로 쓰세요. 포도주, 맥주, 위스키, 배에 있는 건 모두 가져왔으니까요. 분별 증류라는 게 술에서 순수 알코올을 뽑아낸다는 말이죠? 알코올은 그 세균인가 뭔가를 소독하고요."

"그렇다네. 자네는 똑똑하군. 80% 농도의 에탄올은 세균을 죽인다네. 알코올로 닦으면 상처가 곪지 않아."

"선생님 덕분에 중요한 사실을 알았어요."

이 시대에는 의사도 손을 씻지 않았다. 세균 감염에 대한 지식이 거의 없었기 때문이다. 옐로우 큐는 브리앙의 학습 능력에 감탄하며 더 많은 과학 지식을 가르치려고 했다.

"세균과 바이러스는 우리 몸에서 독을 만든다네. 물론 유산균처럼 몸에 이로운 세균도 있지만, 손을 씻지 않고 음식을 집어 먹거나 깨끗한 물을 마시지 않으면 배탈이 난다네."

"대단해요. 선생님은 의사 같아요."

브리앙의 목소리에는 옐로우 큐에 대한 신뢰가 묻어났다.

"의사? 옐로우 큐 의사 선생님이라! 그것도 좋은데, 하하하."

서연은 팔꿈치로 옐로우 큐의 옆구리를 찔렀다.

"선생님, 행여나 여기에 병원을 차리자는 말씀은 안 하시겠죠?"

옐로우 큐는 서연의 말을 듣고 손가락을 튕겼다.

"좋은 생각이야! 이 천막을 아예 병원으로 꾸리자. 귀한 음식이며 옷가지며 여러모로 도움을 받았는데, 우리도 병원을 차려 체스터섬의 소년들을 돕자꾸나."

"선생님, 미션을 잊으신 거예요? 그건 계획에 없는 일이라고요."

"서연아, 힘든 건 알지만 우리에게는 꼭 필요한 일이야. 오늘처럼 다치는 일도 많고 곧 추워지면 감기에 걸리는 아이도 많아질 거야. 부탁해!"

브리앙의 간절함에 서연은 마음이 흔들렸다. 항상 친절하고 다정하게 대해 줬던 브리앙의 부탁을 모른 체할 수 없었다.

"그래, 네가 부탁한다면……."

"서연, 고마워. 옐로우 큐 선생님, 감사합니다."

기뻐하는 브리앙의 모습에 서연의 얼굴에도 미소가 떠올랐다.

"브리앙, 너는 선생님을 도와 소독약을 많이 만들어 줘. 나는 아이들의 건강을 위해 음식을 만들게. 지난번 노틸러스호에서 병이 난 네모 선장님에게 미역국을 끓여드렸더니 금방 회복하셨어. 슬아와 상백이 도와줄 거야."

그때 천막 안으로 슬아와 상백이 들어왔다. 어쩐지 슬아의 얼굴이 창백했다. 서연은 브리앙과 나눈 이야기를 친구들에게 전했다.

"너희들, 병원 차리는 건 동의하는 거지? 병원 이름은 옐로우 큐 병원 어때?"

옐로우 큐가 제자리에서 폴짝 뛰면서 말했다.

"민서연 병원도 괜찮은데요."

"서연 학생, 이번에는 양보해 주게. 나 기분이 굉장히 좋거든. 호호호."

"하하 좋아요, 닥터 옐로우. 그리고 브리앙 한 가지 더! 아이들에게 위생 교육을 해야 해. 손 씻는 법, 목욕하는 법 등 몇 가지 위생 수칙만 지켜도 여러 가지 질병을 예방할 수 있어."

옐로우 큐는 엄지를 치켜세웠다.

"역시, 똑똑한 서연 학생이야. 하하하, 오늘부터 여기는 체스터섬 옐로우 큐 병원이다. 브리앙, 지금 바로 분별 증류를 할 수 있도록 술과 그릇을 최대한 많이 가져다 주렴. 78도에서 끓어 나오는 것을 냉각하면 순도 높은 알코올을 얻을 수 있을 거야."

 서연은 기뻐하는 옐로우 큐와 브리앙을 보니 기분이 좋았지만 슬아가 마음에 걸렸다. 힘없이 웃는 얼굴이 여전히 창백했다. 상백도 그런 슬아를 걱정스럽게 바라보고 있었다.

ooooooo

 알코올로 소독한 덕분에 젠킨스의 꿰맨 허벅지는 덧나지 않고 잘 아물었다. 아이들은 딱히 아픈 곳이 없어도 옐로우 큐 병원에 찾아와서 진찰받기를 좋아했다. 서연이 끓인 미역국도 인기였다. 맛있는 미역 수프라며 너 나 할 것 없이 모두 즐겨 먹었다. 그렇게 15 소년과 옐로우 큐 일행의 마음의 벽도 점차 무너지고 있었다.

 옐로우 큐의 진찰, 서연의 미역국과 위생 교육 덕에 아이들은 점점 건강 상태가 좋아졌다. 반면 점점 나빠지는 아이도 있었다. 바로 신슬아였다. 슬아는 시름시름 앓더니 어느 순간 누워서 자리에서 일어나지 못했다.

서연이 따뜻한 물수건으로 슬아의 이마를 닦아 주며 말했다.

"슬아야, 어서 기운을 차려야지."

슬아는 대답 없이 눈을 감고 있었다. 눈 끝이 파르르 하고 떨리더니 눈물이 새어 나와 또르르 흘렀다.

서연은 고개를 돌려 옐로우 큐에게 물었다.

"선생님, 슬아가 왜 이래요? 왜 힘을 내지 못하는 거예요?"

"슬아 학생은 일종의 향수병에 걸린 거란다."

"향수병이요?"

"집을 떠나 오랜 시간 밖에서 생활했잖니. 부모님도 보고 싶고, 집도 그리운 거야. 서연 학생은 괜찮니?"

서연은 괜찮다며 고개를 끄덕였지만 자신도 매일 엄마 아빠가 보고 싶었기 때문에 슬아의 마음을 헤아릴 수 있었다.

"슬아뿐만 아니라 상백 학생도 그럴 거야. 상백 학생은 다행히 도니펀 학생과 사냥을 다니니 다행이다만, 분명 같은 마음일 거야."

서연은 슬아를 돌아보며 말했다.

"슬아야, 힘내야지. 우리는 반드시 돌아갈 수 있어."

슬아가 힘없이 고개를 끄덕였다. 학교에서는 기가 세 보였는데,

이곳에서 함께 지내 보니 슬아는 여린 아이였다.

"슬아야, 뭐 먹고 싶은 거 없어?"

"집에 가고 싶어. 치킨 먹고 싶어."

슬아의 표정이 간절했다.

"아항, 치킨! 슬아 학생, 나도 대한민국 치킨이 많이 그립다네."

서연도 슬아와 옐로우 큐처럼 기름에 튀긴 고소한 치킨이 먹고 싶었다. 하지만 무인도 어디서 치킨을 구한단 말인가?

"서연아, 농담이야. 여기에는 치킨을 배달해 주는 곳이 없잖아."

슬아는 난감해하는 서연에게 힘없이 말했다.

"해보자! 잘하면 가능할 것 같아."

갑자기 상백이 천막을 걷고 들어오면서 힘 있게 말했다. 천막 밖에서 슬아의 말을 들은 것 같았다. 상백이 하는 말에 슬아의 눈이 번쩍 뜨였다.

"상백아, 치킨을 만들 수 있다고?"

상백은 주먹을 불끈 쥐고 고개를 끄덕였지만, 옐로우 큐가 팔을 내저으며 말했다.

"상백 학생, 괜한 소리를 해서 슬아 학생에게 기대감을 주지 말게. 그런 걸 희망 고문이라고 하는 거야. 만약 치킨을 못 만들면 슬아 건강이 더 안 좋아질 수도 있어."

하지만 상백은 누워 있는 슬아에게 자신 있게 말했다.

"나도 치킨 먹고 싶어. 내가 슬아 너한테 꼭 치킨 만들어 줄게."

어느 때부터인가 슬아를 대하는 상백은 순한 양처럼 보였다. 옐로우 큐와 서연은 상백이 슬아를 좋아한다는 것을 벌써 눈치채고 있었다.

"좋아, 상백 학생. 해보자! 내 과학 지식을 총동원해 주지."

"선생님, 여기 아이들이 주로 먹는 고기가 어떤 고기죠?"

"그야 소고기 맛이 나는 고기는 과나코란다. 남미에서 서식하는 과나코는 척삭동물문 포유강 소목 낙타과 동물이지. 그리고 돼지고기 맛이 나는 고기는 페커리라는 동물로 소목 페커리과 목도리 페커리로 멧돼지랑 비슷하단다."

"선생님, 주로 먹는 고기요. 도니편 무리가 사냥해서 오는 조류 말이에요."

"조류? 들칠면조와 뿔닭, 메추라기, 산비둘기, 남극기러기, 명매기 등을 사냥해 왔지."

"맞아요. 거기에 닭과 생김새도 비슷하고 맛도 비슷한 새가 있었는데요."

"아마 뿔닭일 거야."

"하지만 여기서는 닭을 불에 구워 먹기 때문에 치킨 맛이 안 나. 치킨은 기름에 튀겨야 하는데 여기서 기름은 구할 수 없어."

"상백 학생, 서연 학생 말이 맞아. 여기는 무인도야. 기름을 만들 수도, 구할 수도 없어."

"아니요. 제가 분명히 들었어요. 도니편과 바다로 사냥 갔을 때, 거기 펭귄이 있었어요. 제가 펭귄을 사냥하자고 하니까 펭귄은 기름이 많아서 먹을 것이 적다고 했어요."

"오! 그래. 기름을 구할 수 있겠어. 펭귄도 추운 지방에 살기 때문에 몸에 지방이 많단다. 체온을 유지하기 위해서이지."

"바로 그거예요. 또 도니편은 해안에서 물개도 봤다고 했어요."

"물개가 있어? 포유강 식육목 바다사자과 물개는 바다에 사는 포유류로 몸에 지방이 많아서 기름을 많이 얻을 수 있단다. 한 마리만 잡아도 엄청난 기름을 얻을 수 있을 거야."

서연은 노틸러스호에서 듀공 사냥에 반대했던 일이 떠올랐다.

"하지만 바다 포유류는 우리가 사는 현대에는 멸종 위기란다."

옐로우 큐도 그때 일을 기억하고 있었다.

상백은 누워 있는 슬아를 보며 말했다.

"사람이 죽어 가는데 멸종 위기가 다 뭐예요. 슬아를 위해 딱 한번만이요."

상백의 마음을 알고 있기에 옐로우 큐는 고개를 끄덕였다. 상백의 사나운 마음이 이번 기회에 싹 녹기를 바라는 마음에서였다.

"좋아, 상백 학생! 딱 한 번만 사냥을 하자꾸나. 자, 지금부터 대한민국 치킨을 만들어 볼까?"

"상백아, 하지만 아직 해결되지 않은 게 있어."

서연은 치킨에 입힐 튀김가루는 어떻게 구하면 좋을지 걱정하며 말했다.

옐로우 큐가 놀라 제자리에서 폴짝 뛰었다.

"아차차, 튀김옷이 빠졌구나. 기름에만 튀기면 진짜 대한민국 치킨이라고 할 수 없지. 튀김옷은 탄수화물로 만들어야 하는데, 이 섬에서 그건 절대로 구할 수 없을 거야."

"선생님, 정말 그렇게 생각하세요?"

상백의 눈빛은 꺼지지 않았다. 이미 튀김옷까지 생각하고 있는 것 같았다.

"남미 대륙에는 감자가 많지만, 과연 이 섬에서 감자를 구할 수 있을까? 지금까지 본 적이 없는데 그럼 꽝이야."

"아니요. 지금 숲속에는 탄수화물이 널려 있어요."

"상백 학생, 장난하지 말게. 나도 숲속을 매일 조사한다네. 탄수화물은 없어!"

상백은 고개를 가로저으며 불룩 튀어나온 바지 주머니를 뒤져 뭔가를 잔뜩 꺼내 보였다. 도토리였다.

"산에 도토리들이 익어서 잔뜩 떨어져 있던데요."

도토리를 본 옐로우 큐의 두 눈썹이 위로 치솟았다.

"오 마이 갓! 속씨식물문 쌍떡잎식물강 너도밤나무목에 속해 있는 신갈나무, 떡갈나무, 상수리나무, 갈참나무, 졸참나무에서 도토리가 열리지. 가을이 깊어지는 지금, 숲에 도토리가 널려 있을 거야."

"와, 어떻게 그런 생각을 했어? 근데 상백이 너 도토리 가루 만드는 법 알아?"

서연은 상백의 변화에 놀랐다. 과학 동아리 회원이지만 늘 빈둥거리며 활동을 게을리했기 때문이다.

"난 몰라. 그건 여기 과학 선생님께서 알려 주셔야지."

서연과 상백은 옐로우 큐를 바라봤다.

옐로우 큐는 자신 없는 표정을 지어 보이며 말했다.

"그냥 갈면 되지 않겠나? 미안하네. 거의 다 왔는데 말이야."

옐로우 큐는 역시 이론에는 강했지만 현실에는 서툴렀다.

그때 침대에 누워 있던 슬아가 몸을 일으켰다.

"내가 시골에서 도토리묵 만드는 거 봤어."

"어두운 하늘에 빛이 비치는 기분이군."

옐로우 큐는 노랑 모자를 고쳐 쓰며 물었다.

"어떻게 만드는 건가? 슬아 학생."

"도토리를 햇빛에 바짝 말리고, 껍질을 까서 알맹이를 물과 함께 갈아요. 그걸 면 보자기에 넣고 짜내면 미숫가루를 탄 것 같은 물이 나오는데 하루 지나면 그 아래 전분 가루가 가라앉아요. 하루 이틀 말리면 도토리 가루가 되죠."

옐로우 큐는 두 손을 하늘로 높이 뻗어 만세를 불렀다.

"우리 모두 힘을 합치니 불가능하다고 생각했던 게 가능한 것이 되었구나! 이게 바로 협동의 힘, 집단 지성이다."

서연은 슬아에게 가서 손을 맞잡고 흔들었다.

"선생님, 좀 과하십니다. 생존을 위한 명약이라도 발명하신 것 같네요?"

"상백 학생! 치킨이 분명 실의에 빠진 슬아를 구할 거야. 소년들에게도 큰 위로가 될 것이 분명해."

옐로우 큐의 말에 상백은 활짝 웃었지만 눈시울이 붉었다.

서연이 처음 옐로우 큐를 만났을 때처럼 상백도 아이처럼 순수한 마음을 가진 옐로우 큐에게 마음을 열고 있었다.

옐로우 큐는 허리춤의 공구 가방에서 펜치를 꺼내며 신이 나서 말했다.

"이걸로 도토리 껍질을 까면 되겠다. 그럼 서연 학생은 나랑 전분을 준비하자. 상백은 도니펀과 사냥을 나가 기름을 만들어 주게나. 그리고 상백 학생, 그거 아나? 자네 눈이 점점 착해지고 있어. 처음 만났을 때는 한 대 칠 것처럼 무서웠는데 말이야, 하하하."

옐로우 큐의 말에 상백의 얼굴이 빨개졌다.

"눈 이야기는 하지 마세요!"

상백의 말투는 여전히 거칠었지만, 화내는 것이 아니라는 걸 모두 알고 있었다.

"호호, 농담이네. 하지만 두고 봐. 그런 눈이라면 여학생들에게 인기가 점점 많아질걸? 여학생들은 선한 눈매를 좋아한다고."

상백은 얼굴이 더욱 붉어져서는 괜히 무얼 찾는 척하며 천막 밖으로 뛰어나갔다.

✼✼✼✼✼✼✼

 3일 후, 프랑스인 동굴 식당에는 가장 큰 솥이 올려졌다. 체스터 섬의 공식 요리사 모코가 뿔닭을 먹기 좋게 손질해 주었다. 상백은 손질된 닭에 도토리 가루로 만든 튀김옷을 입혀서 끓는 기름에 넣었다.

 지글지글 끓는 기름 속에서 튀김이 익어 갈수록 동굴에는 고소한 냄새가 퍼져 갔다. 한참 성장기의 소년들은 연신 침을 삼키며 삼삼오오 모여 요리가 다 되기를 기다렸다.

 드디어 노릇노릇 튀겨진 치킨이 완성되었다. 상백은 치킨을 그릇에 담아 선생님과 아이들이 있는 테이블로 가져왔다.

 "무인도에서 치킨을 먹게 되다니, 흥분되는구나!"

 옐로우 큐는 코를 자극하는 맛있는 냄새를 참지 못하고 손을 뻗었다.

 서연이 치킨을 잡으려는 옐로우 큐의 손을 막았다.

 "선생님, 우리가 왜 어렵게 치킨을 만들었는지 생각하셔야죠."

 "아, 그렇지. 슬아 학생, 자네 먼저 먹어 보게."

 상백이 잘 튀겨진 다리를 들어 슬아에게 건넸다.

"슬아야, 먹고 힘내! 우리는 곧 돌아갈 수 있을 거야."

"고마워, 상백아. 고맙습니다, 선생님."

슬아가 치킨을 한 입 베어 물자 바사삭 소리가 났다.

"진짜 맛있다. 선생님도 어서 드세요."

"그럴까?"

말이 떨어지기가 무섭게 옐로우 큐가 손을 뻗었다. 치킨을 한 입 베어 문 옐로우 큐의 얼굴에 더할 나위 없이 행복한 미소가 떠올랐다. 상백과 서연은 다른 소년들에게 치킨을 나눠 주고 나서 먹기 시작했다. 입에서 저절로 탄성이 터져 나왔다. 소년들도 환호성을 지르고 난리였다.

브리앙, 도니펀, 고든, 지도자 소년 셋이 다가왔다. 브리앙이 대표로 상백에게 감사 인사를 했다.

"고맙다, 상백 친구. 미역 수프도, 뼈 수프도, 치킨도 최고야. 덕분에 동생들이 건강해지고 있어."

상백이 도니펀을 돌아보며 말했다.

"나도 고마워, 도니펀. 너와 친구들이 나를 이해해 줘서 가능한 일이었어."

"그 정도는 기본이지. 근데 왜 물개를 사냥하지 말라는 거였어?

물개를 사냥했더라면 기름도, 고기도, 많이 얻을 수 있을 텐데 말이야."

도니펀의 말에 옐로우 큐가 놀라 물었다.

"상백 학생이 물개 사냥을 말렸나? 그럼 닭을 튀긴 기름의 정체는 뭐지?"

"네, 물개를 여러 마리 잡으려 했는데 상백이 부탁 아니, 소원이라고 말하면서까지 사냥을 말리더라고요."

멸종 위기종이라도 슬아를 위해 물개를 사냥해 오겠다던 상백이 사냥을 나가서는 물개를 잡지 않은 것이다.

"막상 태평스러운 얼굴로 평화롭게 살고 있는 물개를 보니 꺼림직 했어요. 총 앞에서는 힘없는 동물들일 뿐이잖아요."

쑥스러워하며 상백이 말을 이어갔다.

"현대에 바다 포유류가 멸종 위기라는 선생님의 말씀도 마음에 걸렸고요. 나중에 알고 보니 주방의 모코가 동물성 지방을 모아 놨더라고요. 그것으로 기름을 만들었어요."

상백이 머리를 긁적이며 이야기했다. 이를 본 도니펀이 상백의 어깨에 손을 올렸다.

"처음에는 용감하고 사냥도 척척하더니 점점 나약해지는 것 같아, 상백 친구."

　상백을 놀리듯 말하는 도니펀에게 서연은 동물들의 멸종 위기에 대해 설명하려다 망설였다. 19세기에 사는 소년들은 생물의 멸종과 지구 환경의 위기에 대해 이해할 수 없을 것이다. 터무니없다며 웃음거리가 될 게 뻔했다. 서연이 망설이고 있을 때 옐로우 큐가 나섰다.

　"도니펀 학생, 우리 상백이는 물개를 사랑하는 친구라네. 자네도 개를 키워 봤지?"

　"개는 우리의 친구죠. 하지만."

　"상백의 마음도 그런 거라네. 그리고 꼭 필요한 만큼만 구하면 되지. 필요하지도 않는데 죽일 필요는 없잖아. 이렇게 말하고 싶었던 거지, 상백 학생?"

　옐로우 큐의 말에 상백은 멋쩍어했다. 도니펀도 자신이 키우던 개가 생각난다며 고개를 끄덕였다.

　"동물을 사랑하는 마음은 착한 거지 나약한 게 아니야. 슬아 학생, 그렇지 않은가?"

　"맞아, 상백아. 너는 착한 거지, 나약한 게 아니야."

　슬아가 미소를 지으며 상백에게 말하자 상백의 얼굴은 불에 덴 것처럼 달아올랐다.

고든이 옐로우 큐에게 말했다.

"선생님과 친구들은 신기해요. 이 세상 사람이 아닌 것 같아요."

뭐, 160여 년 뒤의 미래에서 왔으니 당연하다.

"고든 학생, 자네들에게 곧 이 세상의 것이 아닌 신기술을 알려 줄 거라네."

"그런 기술을 알면 이 무인도를 탈출할 수 있을 것 같은데요."

"그렇다네. 올겨울만 지나면 분명히 기회가 올 거라네. 희망을 가지세, 학생들."

옐로우 큐의 말에 고든은 각오한 듯한 표정으로 고개를 끄덕이고 브리앙에게 말했다.

"어이, 브리앙. 이제 동굴 확장 공사도 끝났는데 선생님을 안으로 모셔야 하지 않을까? 점점 날씨가 추워지잖아."

"당연하지."

브리앙이 동굴 안의 모두를 주목시켰다.

"체스터섬의 소년들아. 저 멀리 아시아 대한민국에서 온 옐로우 큐 선생님과 상백, 서연, 슬아는 이제 우리 체스터섬의 정식 시민이다. 이들을 환영하자."

아이들은 일제히 일어서서 박수를 보냈다.
소년들의 함성이 동굴 안을 오래도록 울렸다.

옐로우 큐의 수업 노트 **04**

사느냐 죽느냐 기초 의학이 문제로다

초4-1 혼합물의 분리, **초5-1** 다양한 생물과 우리 생활, **중2** 물질의 특성

상처가 나면 알코올로 소독해야 덧나지 않아. 왜 그럴까?

상처로 세균이 침투하면 2차 감염이 생겨서 위험해.

 알코올이 세균을 죽여 덧나지 않게 하는 거구나.

1. 감염병을 일으키는 세균과 바이러스

세균은 하나의 독립된 세포로 이루어진 생물이야. 모든 생명은 세포라는 구조로 되어 있어. 세포는 세포막으로 싸여 있고, 안에는 생물의 모습을 결정하는 유전물질(DNA)과 에너지를 만드는 각종 세포 소기관이 들어 있어. 세균은 유전물질(DNA)과 소기관이 최소인 원핵세포야. 세균은 스스로 번식할 수 있지. 오염된 물에 사는 대장균은 양분을 얻어서 에너지를 만들고, 스스로 그 수를 늘릴 수 있단다.

반면에 바이러스는 스스로 번식하여 개체 수를 늘릴 수 없고, 감염을 통해 다른 숙주 세포 안에서 복제를 통해서만 증식할 수 있어.

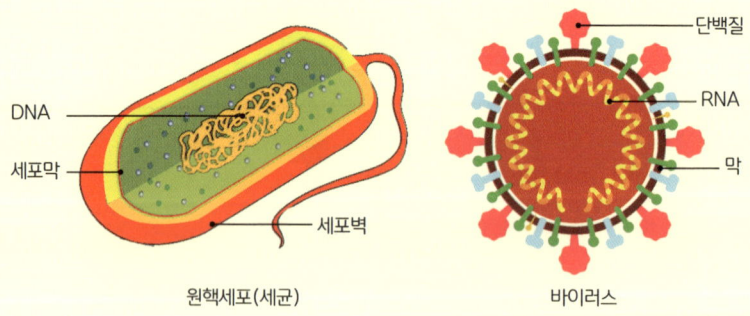

2. 감염병을 치료하는 방법

1) 세균 감염과 치료법

세균성 질병으로는 결핵, 폐렴, 식중독 등이 있어. 세균 감염을 막기 위해서는 손을 깨끗이 씻고, 음식을 끓여 먹어야 해. 세균은 열에 약하기 때문에 끓인 물과 음식은 안전하단다.

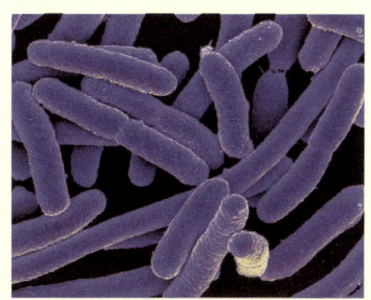

식중독을 일으키는 대장균

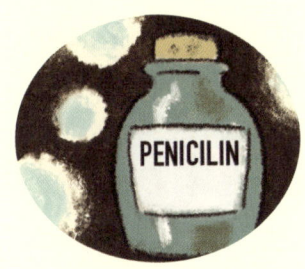

최초의 항생제, 페니실린

위생과 음식 섭취에 주의했는데도 세균성 질병에 걸렸다면 다양한 항생제로 치료할 수 있어. 1928년 푸른곰팡이에서 발견한 항생제, 페니실린은 세균성 질병에 걸린 수백만 명의 생명을 구했지.

2) 바이러스 감염과 치료법

감기나 코로나바이러스는 호흡기로 감염되니까, 마스크를 쓰고 손을 깨끗이 씻어서 손에 묻은 바이러스가 입이나 코로 들어가지 않게 해야 해. 그런데 어떤 약도 바이러스 감염병을 치료하지 못한다는 걸 알고 있니? 숙주 세포 내에서 늘어나는 바이러스를 죽이려면 우리 몸을 이루는 숙주 세포까지 없애야 하기 때문이야. 약은 그저 감염병의 증상을 줄이도록 도와줄 뿐이지. 병원에서 처방 받은 감기약은 콧물을 줄이는 항히스타민제이거나 열을 내리는 해열제 정도야. 그럼 어떻게 감기 바이러스를 이길 수 있을까?

코비드-19 바이러스

다행히 우리 몸은 면역세포를 가지고 있어. 면역세포가 항체를 만들어서 바이러스를 죽이면 병이 치료되는 거야. 예방주사는 독성을 약하게 만든 병원균이야. 우리 몸에 병원균을 투입해서 항체를 만들도록 하는 거지. 이 항체는 똑같은 병원균에 감염되었을 때 나서서 빠르게 그 병원균을 제거할 거야.

어떻게 면역력을 키우죠?

- 잠을 충분히 자자.
  뇌에서 면역력을 높이는 멜라토닌 호르몬이 나와.

- 햇빛 바라기를 하자.
  면역력을 높이는 비타민 D가 만들어져.

- No! 스트레스. 스트레스에 강해지자.
  스트레스는 면역 체계를 무너뜨리는 코르티솔을 만들어.

3. 과다 출혈과 지혈

1) 피를 많이 흘리면 왜 위험할까?

다쳐서 피가 나더라도 잠시 후면 출혈이 멈추지. 왜 그럴까? 그건 혈액 성분 중 하나인 혈소판이 혈액을 응고시키기 때문이야. 혈액 성분 중 우리 피를 빨갛게 보이게 하는 적혈구는 산소를 운반해. 심장이 멈추고 4분의 골든아워(골든타임) 안에 뇌에 산소를 공급하지 못하면 죽음에 이르지. 피를 많이 흘리면 산소 운반에 문제가 생기니까 큰 상처가 나면 얼른 지혈해야 해.

2) 피를 빨리 멈추는 방법

상처 부위는 혈액을 순환시키는 펌프 역할을 맡은 심장보다 높여서 혈액이 상처 부위로 몰리지 않도록 해야 하지. 그래도 출혈이 계속되면 벨트나 운동화 끈으로 상처 부위 위쪽을 단단히 묶어 혈액이 상처 부위로 오는 것을 막아야 해. 막대기를 이용해 조여 주면 더 강하게 지혈할 수 있어.

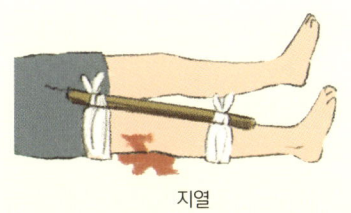

지혈

상처를 묶은 부위에 오랜 시간 혈액이 통하지 않으면 피부가 죽을 수 있으니 지혈 시간을 표시하고 일정 시간마다 잠시 풀어 주는 것도 잊지 마.

3) 2차 감염을 막는 법

우리 피부에는 수많은 세균이 있어. 상처로 침범한 세균이 피부 속에서 독성물질을 분비하거나 번식해서 또 다른 질병을 불러일으키는 것을 2차 감염이라고 해. 세균의 2차 감염을 막기 위해서는 소독약으로 상처 부위를 소독해야 하지. 우리가 쓰는 소독약은 80% 에탄올이야. 알코올의 한 종류인 에탄올은 세균의 세포벽을 녹여 없애 줘. 어른들이 마시는 술에는 낮은 농도의 에탄올이 들어 있어. 물의 끓는 점은 100도, 에탄올의 끓는 점은 78도. 분별 증류하기 위해 술을 가열하면 끓는 점의 차이로 농도가 높은 에탄올을 얻을 수 있어.

분별 증류로 에탄올 얻기

1. 물과 에탄올이 섞인 술을 가열하자.
2. 78도가 되면 에탄올만 기체로 증발해.
3. 증발 기체를 모아서 냉각하면 농도가 높은 에탄올을 얻을 수 있어.

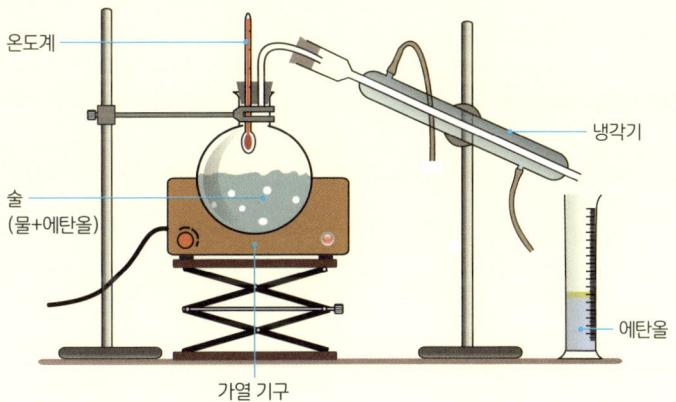

5. 총알을 아껴야 해
└ 생존 법칙 5. 도구의 발명

6월이다. 본격적인 추위가 시작됐다. 이곳 남반구의 마젤란 해협은 북반구와는 반대로 7, 8월이 가장 추운 겨울이다. 숲속의 나무들도 잎을 떨구고 앙상한 가지만 남겼다.

도니펀은 겨울 식량을 준비한다며 날마다 총을 메고 나섰다. 지도자 브리앙은 총알을 아껴야 한다고 당부했지만, 도니펀은 누구 덕분에 배를 곯지 않는지 똑똑히 생각하라며 삐딱하게 굴었다.

소설의 내용을 알고 있던 슬아가 15 소년에게 닥칠 일이 걱정이라며 옐로우 큐에게 말했다.

"선생님, 겨울이 지나면 난파한 배 한 척이 이 섬에 도착할 거예요. 그 배엔 해적들이 타고 있어요. 15 소년이 그들과 싸워 이기지 못하면 살아남지 못할 거예요."

"해적들과 싸운다고? 해적이라면 총으로 무장했을 것 아니니?"

"소설에서 소년들은 용맹하게 맞서요. 하지만 브리앙 말대로 도니펀이 총알을 저렇게 낭비하면 이야기는 달라지겠죠."

"그럼, 어떻게 한담."

"다른 사냥 도구가 있으면 총알을 아낄 수 있을 거예요."

그때 상백이 나서서 말했다.

"선생님, 과학으로 해결할 방법이 있을까요?"

옐로우 큐는 뒷짐을 지고는 동굴 안을 왔다 갔다 하며 생각에 잠겼다. 그러다 허리에 차고 있는 공구 가방을 뒤적여 빨간 플라스틱에 감겨 있는 낚싯줄을 꺼내 들었다.

"유레카! 찾았네."

옐로우 큐는 천을 잘라 작은 주머니 세 개를 만들고, 주머니 안에 돌멩이를 넣었다. 그리고 낚싯줄에 돌 주머니를 매달아 사냥 도구라며 보여주었다. 줄의 한쪽을 잡고 빙빙 돌렸더니 돌멩이를 넣은 주머니가 윙윙 소리를 내면서 돌았다.

"원심력이 커질수록 강력한 도구가 된다네. 여기서 원심력은 회전하는 물체가 바깥쪽으로 튀어 나가려는 힘으로 그 공식은……."

상백은 손바닥을 들어 옐로우 큐의 말을 끊고는 물었다.

"돌멩이가 너무 작지 않나요? 이렇게 작은 돌멩이로는 큰 동물을 사냥할 수 없을 거예요."

"상백 학생은 이 사냥 도구의 사용법을 오해하고 있어. 자, 시범을 보일 테니 저리 물러서라."

옐로우 큐가 동굴 한쪽 벽을 향해 돌리던 줄을 놓자, 돌 주머니가 헬리콥터의 프로펠러처럼 빙글빙글 돌면서 날아갔다.

그 모습을 본 브리앙이 달려왔다.

"옐로우 큐 선생님, 볼라를 만드셨군요?"

"이 도구를 알고 있나, 브리앙 학생?"

"네, 남아메리카 인디언들이 쓰는 사냥 도구죠. 저렇게 줄이 돌면서 동물 다리를 감아서 움직이지 못하게 하잖아요."

"그렇다네. 난 우리나라의 옛 사냥 도구인 팔맷돌을 생각한 거지만. 역시 **도구의 발명은 인류의 보편적인 생존 투쟁**이었군!"

브리앙은 팔맷돌을 손에 들고 자세히 살펴보더니 말했다.

"그런데 선생님, 이 가는 실은 너무 약하지 않을까요?"

서연은 낚싯줄로 사용되는 나일론이 1938년에 발명되었다고 들었다. 그러니 브리앙은 낚싯줄이 100kg 넘는 참치도 잡을 수 있

을 만큼 튼튼하다는 사실을 알 리가 없었다.

"이 줄은 특수한 줄이라네. 과나코나 페커리, 과슐리 정도는 문제없다네. 못 믿겠으면 손으로 잡아당겨 보게."

브리앙은 낚싯줄을 양손으로 당겨 봤지만 끊어질 리 없었다.

"옐로우 큐 선생님. 이거 몇 개 더 만들어 주세요. 이거라면 총알을 아낄 수 있을 것 같아요."

"물론이지. 나도 그럴 생각이었네."

겨울이 깊어질수록 강추위와 눈 폭풍이 체스터섬을 자주 덮쳤다. 폭풍이 계속되는 날이면 몇 날 며칠을 종일 동굴 안에서 지내야 해서 답답했다. 슬아는 동굴 안에 냄새가 점점 지독해진다며 고통을 호소했다. 추운 날씨 때문에 씻지 못하는데 동굴 안은 환기가 되지 않으니 당연했다.

서연은 그보다 더 큰 걱정이 있었다. 이럴 때 만일 누구 하나 감기에 걸리면 모두에게 전염될 것이 뻔했다.

브리앙은 무엇보다 식량 문제를 걱정하곤 했다. 옐로우 큐가 만든 팔맷돌 덕분에 총알을 아꼈지만, 동물들이 추위를 피해 숨어들었기 때문에 식량을 구하기 힘들다고 했다. 맑은 날이면 도니펀 일행이 사냥을 나갔지만, 구해온 건 새 몇 마리뿐이었다. 한참 자라는 소년들에게 턱없이 부족한 양이었다.

폭풍이 며칠째 계속되던 어느 날, 소년들이 식량 문제로 회의를 하자며 찾아왔다.

브리앙의 표정은 어두웠다.

"아껴 둔 통조림이라도 먹어야 할까 봐요."

동굴에는 비교적 많은 양의 통조림이 있었다. 소년들은 배에서 통조림을 가져와 잘 보관하고 있었다. 언젠가 이 섬을 탈출하기 위해서는 통조림이 꼭 필요했기 때문이다.

극한 상황이 계속되자 브리앙이 비상식량인 통조림 이야기를 꺼낸 것이다. 하지만 도니펀은 강하게 반대했다.

"브리앙, 넌 이 섬에서 계속 살 거니? 이 섬을 탈출하려면 통조림이 꼭 필요하다고!"

"하지만 동생들이 배고파하잖아."

"며칠쯤 굶어도 죽지 않아!"

도니펀이 매정하게 말했다. 고든도 이번에는 도니펀 편이었다.

"브리앙. 네 마음은 알지만 다른 방법을 찾아보자. 목이 마르다고 마중물을 마실 수는 없잖아."

브리앙이 한숨을 푹 쉬었다. 서연은 브리앙의 근심을 덜어주고 싶었다. 동굴 앞에서 처음 만난 이후로 서연은 브리앙에게 자꾸 마음이 기울었다.

"서연아, 뭔가 좋은 방법이 없을까?"

갑자기 자신을 꼭 집어 물어보는 브리앙에게 마음이 들킨 것 같아서 서연은 깜짝 놀랐지만 애써 태연하게 말했다.

"우리가 아직 시도해 보지 않은 방법이 있어."

회의에 참여한 모든 이의 시선이 서연에게로 쏠렸다.

"말해 보게, 서연 학생."

"물고기요. 여기서 서쪽 바다에 가려면 한 시간은 걸리겠지만 물고기를 잡을 수 있을 거예요."

도니편이 말도 안 된다며 서연의 말을 무시하고 나섰다.

"난 또 뭐라고! 모르는 소리 하지 마. 낚시는 사냥보다 어렵다고."

도니편을 바라보던 사람들의 시선이 다시 서연에게로 옮겨졌다. 답을 기다리는 눈빛이었다.

"난 낚시를 말한 게 아니야. 그물을 쳐 보자. 그물로 물고기를 잡을 수 있어."

서연은 소년들이 가지고 있는 그물을 본 적이 있다. 그동안은 식량이 부족하지 않았기에 사용하지 않은 채였다.

"너, 그물을 사용할 줄 알아? 배를 타고 나갈 수도 없고, 그물 치는 건 어른들에게도 힘든 일이야."

"도니편, 그렇게 반대만 하지 말고 우선 서연의 이야기를 끝까지 들어 보자."

"나도 해보지는 않았지만 간단한 방법이 있어."

서연은 브리앙에게 고맙다는 눈빛을 보내고 막대기로 바닥에 그림을 그리기 시작했다.

"먼저 바다에 기둥을 세우고 그물을 치면 돼. 그물 치는 게 쉬운 일은 아니겠지만, 우리가 힘을 합치면 가능할 거야. 그물을 쳐놓고 물고기를 기다렸다가 걷어오면 끝!"

"무슨 소리 하는 거야? 기다리면 된다니?"

"너희 밀물과 썰물 배웠지? 이곳 바다는 우리나라 서해처럼 수심 변화가 크지 않지만 분명히 조류가 있어."

옐로우 큐는 서연이 그린 그림을 보자마자 알아챘다.

"오! 서연 학생, 네가 말한 방법은 언젠가 강화도에서 본 적이 있어. 밀물 때 수위가 높아져 그물이 물에 잠기면 물고기들이 그물 안으로 들어와. 썰물이 되면 물은 빠지지만 물고기는 그물에 걸려 빠져나가지 못하지. 우리는 썰물 시간 때 가서 물고기를 걷어오면 되는 거야. 내일이라도 당장 나가서 바다에 그물을 쳐 보자!"

식량 문제의 답을 찾은 것 같았다. 회의를 마치며 서연이 브리앙을 보았을 때, 브리앙은 환하게 웃으며 서연을 바라보고 있었다.

브리앙 때문에 상기된 얼굴을 식히려고 서연은 동굴 밖으로 나왔다. 매서운 추위에 온몸이 부르르 떨렸다.

"서연아, 추운데 뭐해?"

브리앙이었다. 심장이 콩닥콩닥했다. 서연은 들킬까 봐 얼른 화제를 돌려 체스터섬 아이들 이야기를 꺼냈다.

"브리앙, 건의할 것이 하나 있어."

"말해 봐, 서연."

언제나처럼 다정한 목소리의 브리앙이었다.

"우리 모두 위생에 좀 더 신경을 써야 할 것 같아. 한 명이라도 감기에 걸리면 모두가 옮을 수 있어."

"아, 옐로우 큐 선생님께서 말한 세균 말이지? 하지만 이렇게 추운 날씨에는 씻고 싶어도 그럴 수 없잖아."

"그래서 생각해 봤는데……"

서연은 난로를 이용하자는 제안을 했다. 동굴 안에 있는 난로는 겨우내 불을 때고 있었다. 긴 겨울을 나기 위해 장작도 충분히 구해 둬서 걱정은 없었다.

"난로에 짱돌을 넣어 두는 거야. 그럼 돌이 뜨거워질 테고, 씻을 때 돌을 찬물에 넣으면 돌의 열기로 물이 따뜻해질 거야."

"그거 좋은 생각이야. 아예 목욕탕을 만들자. 동굴 앞에 땅을 파고, 천막을 치면 아이들이 목욕할 수 있을 거야. 어때? 도니편만 반대하지 않으면 금방이라도 만들 수 있어."

"도니편도 사냥 다녀와서 뜨거운 물로 씻을 수 있다고 하면 좋아할 거야."

서연도 브리앙의 의견에 늘 반대하는 도니편이 걱정됐지만, 둘 사이가 좋아지길 바라는 마음으로 말했다.

"그런데 서연아. 어떻게 매번 그런 아이디어를 생각해 내는 거니? 내가 많이 고마워하는 거 알지?"

"나도 고마워. 네가 아니었다면 포로가 될 뻔했는걸! 기억하지? 우리가 처음 만났을 때 말이야."

브리앙이 웃으며 고개를 끄덕였다. 서연이 말했다.

"옐로우 큐 선생님이 계셨다면 열은 열에너지라는 둥, 분자 운동이 어쩌고저쩌고하셨을 거야."

"하하하, 옐로우 큐 선생님은 그러고도 남으시지."

둘은 추위도 잊고 한참을 웃었다.

"여기 정말 춥다. 대한민국보다 더 추운 것 같아."

브리앙은 재빨리 자신의 외투를 벗어 서연에게 덮어 주었다. 따뜻했다. 브리앙의 따뜻한 마음이 외투로 전해지는 것 같았다.

"브리앙, 너도 춥잖아."

"잠시라면 괜찮아. 기분도 좋고 상쾌한걸. 너는 어때?"

"브리앙의 외투 덕에 나도 괜찮아."

모든 것이 꽝꽝 얼어버린 추위에도 서연의 얼굴은 점차 뜨겁게 상기되었다.

옐로우 큐의 수업 노트 05

도구의 발명은 인류의 생존 투쟁

초5-2 물체의 운동, 중1 여러 가지 힘, 중2 수권과 해수의 순환

옛날 사냥 도구인 팔맷돌과 볼라에는 어떤 과학적 원리가 있을까?

1. 원심력을 이용한 사냥 도구

볼라

1) 팔맷돌과 볼라

우리나라의 팔맷돌과 남아메리카의 볼라는 원심력을 이용한 원시시대 사냥 도구야. 세 개의 돌멩이를 줄에 매달아 머리 위에서 빙글빙글 돌리지. 그리고 속도가 빨라졌을 때 목표물을 향해 줄을 던져! 그럼 줄에 매달린 세 개의 돌멩이가 헬리콥터 프로펠러처럼 빙빙 돌면서 날아가 사냥감을 맞추거나 다리를 휘감아 꼼짝 못하게 할 수 있어.

회전하니까. 원심력? 구심력?

 슬아 빙고!

 이상해요. 왜 그런 거죠? 원운동이 직선운동으로 바뀌었네요.

 비밀은 팔맷돌이 움직이는 또 다른 힘의 원리, 등속직선운동에 있어.

2) 팔맷돌 힘의 원리

팔맷돌처럼 빙글빙글 돌면서 원운동을 하는 모든 물체에는 구심력과 원심력이라는 두 가지 힘이 동시에 작용해.

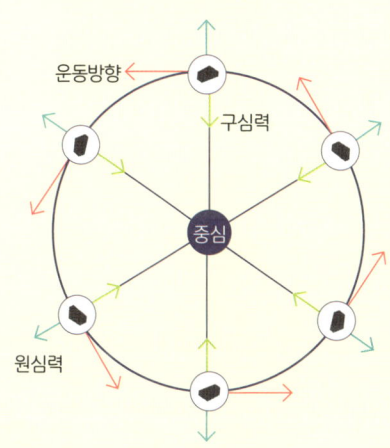

〈구심력〉

구심력은 지구 중력처럼 중심으로 향하는 힘이야. 팔맷돌을 돌리면 줄이 중심으로 당겨지는데 이것이 구심력이지.

〈원심력〉

원심력은 구심력과 크기는 같지만 반대로 작용하는 힘이야. 자동차를 타고 회전할 때 바깥쪽으로 당기는 힘이 느껴지지? 그것이 원심력이야.

〈등속직선운동〉

공을 굴리면 공이 구르다 멈추지? 계속 구르려고 하는 공에게 바닥 마찰력이 작용했기 때문이야. 달이 지구를 중심으로 공전하는 건 지구의 중력 때문이지. 만약 어떤 힘도 작용하지 않는 우주에서 공을 던지면 공은 멈추지 않고 같은 속도로 직진할 거야. 물체에 어떤 힘을 주지 않으면 정지해 있거나 같은 속도와 방향으로 계속 움직이는 것을 과학 용어로 등속직선운동이라고 해.

빙빙 돌리던 팔맷돌을 놓았을 때 구심력과 직각 방향으로 날아가는 이유는 등속직선운동을 하려는 물체의 기본 속성 때문이야.

2. 달의 인력을 이용한 어로법

1) 개막이의 원리

개막이(개맥이)는 밀물과 썰물의 현상을 이용한 어로법이란다. 우리나라 서해안은 하루 두 번 밀물과 썰물이 생기는데, 이때 해수면 높이의 차이를 조수간만의 차이라고 해. 서해안의 조수 간만 차이는 5m가 넘고, 인천 앞바다는 9m까지 차이가 나지. 갯벌에 말뚝을 박고 거기에 넓은 그물을 치는 거야. 밀물 때면 그물이 바닷물에 잠긴단다. 다시 썰물 때가 되면 물이 빠지는데 이때, 밀물과 함께 그물 안으로 들어온 물고기들은 빠져나가지 못하고 그물에 걸려. 물고기를 주우면 되는 거야. 밀물과 썰물이 생기는 원리도 배워 보자!

2) 달의 인력과 밀물 썰물의 원리

바닷가에서는 여섯 시간을 간격으로 바닷물이 빠져나가고 밀려들어 온단다. 같은 바다에서 하루 동안 밀물 두 번, 썰물 두 번씩 일어나지. 밀물과 썰물 때문에 바닷물의 높이가 주기적으로 오르내리는 현상을 '조석'이라 한단다.

이 조석 현상으로 하루 중 해수면이 가장 높을 때를 '만조', 해수면이 가장 낮을 때를 '간조'라고 해. 만조와 간조가 일어나는 이유는 무엇일까?

썰물   밀물

질량이 있는 모든 물체끼리 잡아당기는 힘, '만유인력'이 있다는 사실 알고 있지? 달에도 당연히 만유인력이 작용해서 지구를 당기는데, 딱딱한 땅은 움직일 수 없지만 액체인 바닷물은 이 힘에 당겨져서 조석 현상이 생기는 거야.

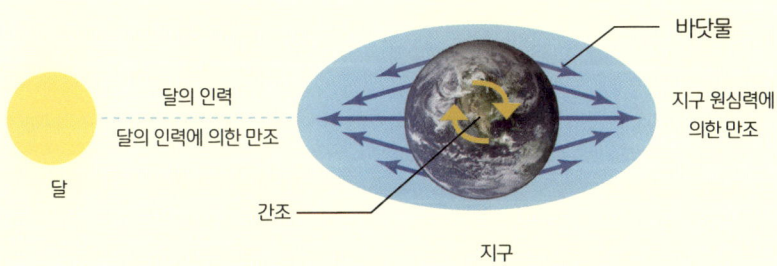

6. Q 배지와 마지막 생존 수업
└ 생존 법칙 6. 힘의 활용

7월이 되자 날씨는 점점 추워졌다. 이미 수차례 내린 눈으로 동굴 밖은 온통 눈 천지였고, 동굴 앞에 있는 거대한 호수도 단단히 얼어 버렸다. 남반구의 기후는 대한민국이 위치한 북반구와 반대다. 그래서 체스터섬의 7월은 대한민국의 1월에 해당한다. 가장 혹독한 추위가 찾아온 것이다.

오랜만에 맑은 날씨였다. 서연은 브리앙의 제안으로 어린 소년들을 이끌고 호수에 나와 스케이트를 탔다. 손재주가 좋은 서비스가 신발에 날붙이를 붙여 스케이트를 척척 만들어 냈다. 브리앙은 어린 소년들에게 스케이트 타는 법을 가르쳤다. 소년들은 강추위에도 꽁꽁 언 호수를 지치며 신나했다.

서연과 상백, 슬아도 소년들과 함께 스케이트를 즐겼다.

옐로우 큐는 타고난 몸치였기에 상백의 허리에 매달려 끌려다닐 때 제일 신나 보였다. 간간이 어린 자크가 와서 옐로우 큐의 두 손을 맞잡고 스케이트를 가르쳤다. 하지만 옐로우 큐의 운동신경은 거의 빵점이었다. 넘어질 듯 주춤주춤하면서도 옐로우 큐는 시시때때로 과학 원리를 줄줄 읊었다.

"나의 체중이 내 스케이트 신발의 좁은 날로 모여서 압력이 커지지. 큰 압력 때문에 얼음이 녹으면서 날이 쭉쭉쭉 미끄러지는 거야."

스케이트 선생님이 된 어린 자크가 허리에 손을 얹고 옐로우 큐에게 호통을 쳤다.

"선생님, 과학 생각은 그만하시고 지금은 스케이트에만 집중하세요! 몸을 낮추라고요."

"알았네, 자크 학생. 몸을 낮추면 무게 중심이 아래로 내려가서 안정성이 높아지지. 이힉."

옐로우 큐는 뒤로 발라당 넘어져서 엉덩방아를 찧었다.

"하하하."

이 모습을 본 슬아와 서연이 웃음을 터뜨렸다.

서연이 넘어진 옐로우 큐에게 소리쳤다.

"옐로우 큐 선생님, 괜찮으세요?"

"내 엉덩이에서 불이 난다네."

슬아가 미소를 지으며 말했다.

"옐로우 큐 선생님은 참 좋은 분이야."

"맞아. 시도 때도 없이 과학 강의를 하는 것만 빼면."

"서연아, 학교에서 내가 참 못되게 굴었지?"

서연은 슬아를 보고 웃으며 말했다.

"뭐, 아니라고는 말 못 하겠네."

"서연아, 미안하고 고마워."

슬아는 무인도에서 생활하는 동안 자신을 돌아보게 되었다고 했다. 어려서부터 눈에 띄는 외모 때문에 늘 주목받아서인지 다른 아이들이 찌질하게 보였다.

"서연이 넌 찌질한 건 아니지만 꼴 보기 싫었어. 동아리 부장이라고 나서는 것도 보기 싫고 말이야. 그런데 여기서는 네가 멋져 보이더라. 옐로우 큐 선생님이 딴 길로 새지 않게 차분하게 판단하고 정리하잖아. 또 무례한 도니펀에게 태권도로 맞짱 뜰 때도 멋있었어. 너는 나와 많이 달라."

"그렇게 생각하고 있었다니, 감동이다! 그럼 네가 생각하는 슬아 넌 어떤데?"

"알잖아. 힘이 약하거나, 가난하거나, 못생긴 애들은 전부 무시했어. 나도 공부를 잘 못하면서 말이야. 너를 보니까 내가 참 한심했어. 집에 가고 싶은 마음 때문에 아팠던 거지만, 나를 돌아보니 더 우울해지더라. 그런데 너는 왜 그런 날 돌봐준 거야?"

"뭐, 이유가 있나? 우리는 친구잖아. 그리고 너 여기 온 이후로 정말 많이 변했어. 뭐랄까? 어디 숨어 있었는지, 착한 슬아가 자꾸 나타나잖아. 그럴 때마다 '너, 누구야?' 하고 묻고 싶었다니까."

"하하, 나도 알아. 어쩔 땐 '나, 왜 이래?' 하고 깜짝 놀란다니까."

서연과 슬아는 한동안 허리를 접고 깔깔거리며 웃어댔다.

'친구' 그래, 우리는 친구다. 친구는 어려울 때 돕는 사이다.

서연은 이런 생각을 하며 그동안 궁금했던 슬아의 마음을 슬쩍 떠보았다.

"슬아야, 상백이 어때? 상백은 널 좋아하는 것 같던데."

"서연아, 저기 선생님이 이리로 오셔. 그런데 상백이 안 보여."

서연은 자신이 묻는 걸 못 들은 척하는 슬아를 째려보고는 호수 쪽을 보았다. 정말 멀리서 옐로우 큐 혼자 어정쩡한 자세로 스케이트를 밀며 다가오고 있었다.

"선생님, 상백은 어디 간 거예요?"

슬아가 옐로우 큐에게 물었다.

"상백은 도니편과 호수 저편으로 사냥 하러 갔어."

옐로우 큐의 말을 들은 슬아의 표정이 시시각각 변했다. 소설 속 이야기를 생각하는 것 같았다.

잠시 후 얼굴색이 창백해진 슬아가 말했다.

"선생님, 큰일 났어요. 상백이 위험해요."

"왜 그런가? 슬아 학생. 뭔가 소설 속 사건이 생각났나?"

"소년들이 호수에서 길을 잃어요. 그리고 무서운 동물에게 쫓겨요."

"그래서 소년들이 어떻게 되는데?"

"잘 기억이 나지 않아요."

"음, 걱정하지 말게. 도니펀이 사격의 명수라는 건 슬아 학생도 잘 알잖아. 성격이 모가 났지만 정의감이 있는 강한 아이야. 상백은 무사히 돌아올 거야."

옐로우 큐는 슬아를 안심시키려고 말했지만, 상백과 도니펀이 사냥을 간다고 했을 때 말리지 않은 것을 후회했다.

"도니펀에게 약해 보이지 않으려는 상백의 마음이 느껴져서 말릴 수가 없었어. 내 실수야. 혹시 몰라서 칼과 나침반을 줬는데 그게 도움이 되었으면 좋겠구나."

그렇게 한 시간쯤 지났을까? 갑자기 날씨가 나빠졌다. 호수 저 멀리서 짙은 안개가 밀려오더니 순식간에 시야가 흐려졌다.

브리앙이 급히 서두른 덕분에 어린아이들은 안전하게 호수 밖으로 대피했다. 그러나 상백과 도니펀 일행이 문제였다. 안개에 길을 잃으면 큰 사고로 이어질 수 있었다. 상백이 나침반을 가지고 있다지만, 안개가 짙은 넓은 호수에서 길을 되짚어 오긴 쉽지 않을 것 같았다.

그사이에도 날씨는 점점 더 나빠졌다. 얼마 지나지 않아 안개에 더해서 눈까지 내리기 시작했다. 시야가 더욱 가려졌다.

옐로우 큐는 동굴 안에서 봤던 대포를 떠올렸다. 아이들이 배에서 떼서 동굴에 갖다 놓은 것이다.

"브리앙, 동굴의 대포를 어서 가져와라."

대포를 쏴서 큰 소리로 위치를 알려 주자는 옐로우 큐의 뜻을 똑똑한 브리앙이 금방 알아챘다.

브리앙은 수습 선원 모코와 함께 대포를 호숫가로 가져왔다.

"브리앙, 너희들 대포 쏠 줄 아니?"

"아니요, 배에서 옮겨 오긴 했지만 사용법은 몰라요."

"좋아. 내가 이론을 알고 있으니 가르쳐 주지."

옐로우 큐는 검은색 화약을 손으로 퍼 올렸다.

"화약이다. 이게 폭발하는 힘으로 포탄이 날아가는 거야."

옐로우 큐는 포신에 화약을 퍼 넣고는 끝에 솜뭉치가 달린 나무 막대기를 포신에 밀어 넣어 화약을 눌러 다듬었다.

"이렇게 화약을 포신 끝에 넣고, 포탄을 넣는 거다. 브리앙, 포탄을 가져와서 넣어 보게."

브리앙은 동그란 쇠공인 포탄을 포신에 넣었다.

"이제 심지에 불만 붙이면 대포가 발사되는 거야."

옐로우 큐는 아이들에게 경고했다.

"학생들, 대포 뒤는 피하는 게 좋을 거야. 포탄을 밀어내면서 대포가 뒤로 밀릴 수 있어. 작용과 반작용의 원리란다. 자, 모코 심지에 불을 붙이게."

아이들이 대포에서 멀찌감치 피한 뒤에 모코가 심지에 불을 붙였다. 잠시 후, 쾅 하는 굉음을 내며 대포가 발사됐다. 소리가 어찌나 큰지 꽝꽝 언 호수가 흔들리는 것 같았다.

소년들은 옐로우 큐가 알려 준 대로 15분마다 대포를 발사했다.

눈은 이제 눈보라로 변했고 기온은 더 내려갔다. 슬아는 누구보다도 간절한 얼굴로 기도를 하다가 서성이기를 반복했다.

"슬아야, 너무 걱정하지 마."

슬아는 서연을 보며 잠시 머뭇거리더니 말했다.

"서연아, 상백을 어떻게 생각하냐고 물었지? 나도 내 마음을 몰랐는데, 지금 깨달았어. 상백이 잘못될까 봐 너무나 걱정돼."

그때, 눈보라 속에서 달려오는 희미한 그림자가 보였다. 아이들이 돌아온 것이다. 도니편 일행이었다. 그러나 상백은 보이지 않았다.

슬아가 도니편에게 달려갔다.

"도니편, 상백은 어디 있어?"

"호수 건너편에서 곰을 보았어. 원숭이를 쫓고 있더라고. 곰이 워낙 커서 피하자고 했는데, 상백이 원숭이를 따라가지 뭐야."

"왜? 상백이 왜 원숭이를 따라간 거야?"

"몰라, 그냥 뭘 찾아야 한다고 했어. 우리가 상백을 따라가며 엄호 사격을 했는데, 느닷없이 곰이 우리 쪽으로 달려들어서 정신없이 도망 오는 길이야."

"포유강 식육목 곰과 안경곰. 남아메리카에는 안경곰이 살아. 눈 주위에 안경을 낀 것처럼 백색의 테가 있어서 안경곰이라고 하지. 흡!"

서연이 옐로우 큐의 입을 막았다. 상백을 걱정하는 슬아가 더 무서워할 것 같았기 때문이었다.

"선생님, 상백이 Q 배지를 찾으려는 것 같아요. 곰이 쫓았다는 그 원숭이, 황금 배지를 훔쳐 간 원숭이가 분명해요."

슬아가 제자리에 주저앉아 울었다.

"엉엉, 상백이 이젠 어떡해."

서연이 얼른 슬아의 어깨를 감싸 안았다.

"곰은 도니편 일행을 따라왔다잖아. 상백이는 괜찮을 거야."

"그래, 슬아 학생. 나침반을 줬으니 잘 찾아올 수 있을 거야. 친구들, 어서 대포를 쏘자. 우리 상백이를 위해 대포를 쏘자고."

어린 소년들은 동굴로 돌아가고 이제 호숫가에는 서연과 옐로우 큐, 슬아, 브리앙, 도니펀 그리고 모코만이 남았다. 브리앙이 도니펀에게 말했다.

"도니펀, 너도 들어가 쉬어. 멀리까지 다녀와서 힘들 거야."

"헛소리, 나에게도 책임이 있어. 상백을 데리고 간 건 나니까."

"지금도 몸을 떨고 있잖아. 네가 아프면 무인도 생활이 힘들어져. 어서 들어가."

도니펀은 브리앙의 멱살을 잡았다.

"언제나 너만 잘났지? 내 책임을 남에게 돌리고 싶지 않아!"

"이 손 놓지 그래. 지금은 이렇게 싸울 때가 아니야."

그때였다. 휴대용 망원경을 들여다보던 옐로우 큐가 소리쳤다. 눈보라 저편 희미한 실루엣이 보였다.

"어? 저기, 상백이다. 상백이 돌아왔어."

아이들이 두 팔을 들어 흔들었다. 도니펀이 어깨에 멘 총을 손에 들더니 스케이트를 지치며 호수로 쏜살같이 나아갔다.

그런데 잠시 후 상백의 뒤를 쫓는 거대한 그림자도 드러났다. 상

백이 뒤의 거대한 그림자는 울부짖는 소리를 내며 쫓아왔다.

곰이 상백을 따라온 것이다.

상백은 스케이트를 지치며 도망쳤지만 멀리서 봐도 체력이 바닥난 것처럼 보였다.

서연이 옐로우 큐에게 말했다.

"선생님, 포를 한 발 쏴서 상백에게 위치를 알려 줘야겠어요. 안개 때문에 상백은 우릴 보지 못하는 것 같아요."

쾅! 다행히 상백이 대포 소리를 들었다. 아이들이 서 있는 호숫가로 방향을 틀어 속도를 내다가 그만 넘어지고 말았다.

"상백아, 제발 일어나!"

눈물범벅이 된 슬아가 젖 먹던 힘까지 내서 소리를 질러댔다.

상백은 일어나려다 다시 넘어졌다.

크엉, 끽끽! 거대한 곰이 상백 앞에 멈춰서 두 발로 일어섰다. 곰은 웬만한 어른보다 키가 컸다. 곰은 입김을 내뿜었다가 상백을 향해 몸을 기울였다.

탕탕! 순간 총성이 울렸고 곰의 어깨에서 피가 튀었다. 놀란 곰은 상백을 덮치려다 말고 두 발로 일어선 채 코를 벌름거리며 냄새를 맡았다.

눈보라 저편에 작은 그림자가 있었다. 그림자에서 번쩍하고 빛이 나더니 곰의 팔에서 다시 피가 튀었다. 곰은 이제야 도망가기 시작했다. 총을 쏜 그림자가 달려 쓰러진 상백 쪽으로 가까이 왔다. 위기의 순간 총을 쏴서 상백을 구한 그림자는 바로 도니편이었다. 도니편은 상백을 일으켜 세웠다.

브리앙과 모코가 두 소년이 있는 곳으로 달려가 상백을 부축해 돌아왔다. 서연과 슬아가 상백에게 달려갔다. 슬아가 상백의 손을 잡으며 눈물을 터뜨렸다. 상백도 더는 참지 않았다. 둘은 엉엉 울었다. 슬아도 상백도 얼굴이 말이 아니었다. 눈물, 콧물, 땀 범벅이었다.

"어어어, 저리 비켜!"

스케이트가 서툰 옐로우 큐가 팔을 휘저으며 다가오더니, 와당탕! 스스로 멈추지 못하고 엉덩방아를 찧었다.

"아이고야, 내 엉덩이 살려!"

노란 바나나 껍질처럼 길게 누워 있는 옐로우 큐는 정말이지 우스꽝스러웠다. 울고 있던 슬아와 상백도 웃음을 터뜨렸다.

옐로우 큐 일행이 다 모이자 상백이 꼭 쥐고 있던 주먹을 펴 보였다. 상백의 손바닥에는 반짝이는 Q 배지가 있었다.

"상백 학생, 자네 손 위에서 찬란히 빛나는 건 Q 배지 맞지?"

옐로우 큐의 말에 상백은 웃으며 고개를 끄덕였다.

"선생님, 맞아요. 원숭이가 훔쳐 갔던 Q 배지예요. 이제 돌아갈 수 있는 거죠?"

Q 배지가 빛을 발하고 있었다.

"그래, Q 배지를 찾았으니 이제 곧 돌아갈 수 있을 거네."

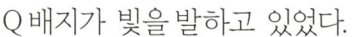

다음 날 아침 Q 배지는 더 밝게 빛나고 있었다.

서연이 다가와 옐로우 큐 옆에 앉았다.

"선생님, 저희 이제 미션을 완수한 것 같은데요?"

"나도 그렇게 생각하네. Q 배지가 이렇게 밝게 빛나고 있지 않은가! 서연 학생은 이번 미션이 무엇인 것 같은가?"

"생존이죠. 우리 모두 이렇게 살아 있잖아요. 그것도 이전보다 더 괜찮은 모습으로요. 저길 보세요."

상백과 슬아가 한쪽에 앉아 이야기를 나누고 있었다.

처음 만났을 때 상백의 눈은 반항심으로 가득 차 있었고, 슬아의 눈은 모든 것을 깔보고 있었다. 그런데 지금 둘의 눈빛은 착하고 순했다.

"내가 보기에는 서연 학생 자네도 많이 변했다네."

"네, 선생님. 저는 꿈이 생겼어요."

서연은 어린 소년들을 가르치는 것이 좋았다. 그래서 아이들을 가르치는 선생님이 되겠다고 꿈을 정했다.

"선생님, 소년들을 두고 우리만 돌아가는 것이 마음에 걸려요. 우리가 돌아간 후에도 저 아이들 엄청난 일을 겪어야 하잖아요."

"그래, 맞아. 나도 저들의 운명을 슬아 학생에게서 들어 알고 있다네. 그래서 생각했네. 소년들에게 마지막 생존 강의를 할 거야. 서연 학생, 서둘러 주게. 남은 시간이 길지 않아."

서연은 15 소년을 불러 모았다. 옐로우 큐의 마지막 생존 수업을 위해서였다.

학생들이 모두 모였고, 브리앙이 대표로 물었다.

"옐로우 큐 선생님, 무슨 일이세요?"

"학생들, 여기서 계속 살 수는 없지 않나?"

"그렇지만 아직 이 섬을 탈출할 방법을 찾지 못했어요."

"만일 근처에 섬이 있다면?"

옐로우 큐의 질문에 도니펀이 대답했다.

"우리가 체스터섬 해안을 모두 조사했어요. 하지만 육지는 보이지 않았어요."

"높이 올라가 보면 어떨까?"

"체스터섬에는 높은 산이 없는걸요."

브리앙의 대답에 옐로우 큐는 노란색 모자를 고쳐 쓰며 말했다.

"우리 커다란 연을 만들어 보세. 연을 타고 하늘로 올라가면 더 멀리까지 볼 수 있을 거야."

연을 타고 하늘로? 충격적인 방법이었다. 주변에 섬이 있다면 분명히 볼 수 있겠지만, 연이 잘못돼서 아래로 추락하면 연에 탄 누군가는 목숨을 잃을 수도 있다.

위험한 방법인 걸 알고 있지만, 세 지도자 중 누구도 반대하고 나서지는 못했다. 배에서 옮겨 온 식량이 얼마 남지 않았다. 그들 모두 알고 있었다. 무인도 생활이 길어질수록 생존 가능성이 희박하다는 것을.

"누가 연에 타고 하늘로 오르죠?"

고든의 말에 한동안 침묵이 흘렀다.

서연은 옆에 서 있는 브리앙을 보았다. 브리앙은 앞으로 나아가려는 동생 자크를 붙잡고 있었다. 서연은 그 둘의 비밀을 알고 있었다.

서연이 가르치는 어린 소년들 중 브리앙의 동생 자크가 유난히 우울해했다. 서연은 브리앙에게 그런 자크에 대해 말했었다. 그날 브리앙이 망설이다가 슬루기호가 표류한 건 동생 자크의 실수라고 말했다.

브리앙 말에 따르면 여름방학 동안의 항해를 떠나기 전날 밤, 슬루기호에 15 소년들만 먼저 탑승했다. 그런데 그날 밤에 장난꾸러기 자크가 몰래 닻을 올린 것이다. 배는 바다로 떠내려 갔고, 어른들은 그 사실을 전혀 눈치채지 못했다. 섬에 도착해서 자크는 브리앙에게 그 사실을 털어놓았지만, 브리앙은 동생을 보호하려는 마음이 앞서 아무에게도 말하지 못했다. 그러는 동안 자크의 마음의 병은 점점 커져만 갔다.

서연은 안절부절못하고 앉아 있는 자크가 몹시 불안해 보였다. 브리앙은 그런 자크를 더 꽉 붙잡고 있었다. 서연은 브리앙에게 동생 생각을 들어 보자고, 자크 의견도 중요하다고 조용히 말하려 했다.

"브리앙, 동생이 실수를 만회할 수 있도록 기회를 주게나."

서연보다 앞서 옐로우 큐가 말을 꺼냈다.

옐로우 큐도 자크의 비밀을 알고 있었던 것이다. 브리앙이 놀라서 옐로우 큐를 바라보았다. 그리고 잠시 망설이다가 결심한 듯 자크의 손을 잡고 일어섰다.

"내 동생 자크가 연을 타겠대. 자크는 몸이 가볍고 행동이 날쌔지. 하지만 그것 말고도 자크에겐 연을 타야 하는 다른 이유가 있어."

브리앙의 말에 이어 자크가 고개를 떨구며 말했다.

"모두 내 잘못이야. 그날 밤 내가 장난으로 슬루기호의 닻을 올렸어. 우리가 이 섬에 표류한 건 모두 내 책임이야. 정말 미안해. 이번 기회에 체스터섬의 시민들에게 용서를 구하고 싶어. 내가 연을 탈 수 있게 허락해 줘."

모든 걸 말하고 난 자크는 눈물을 흘리며 무릎을 꿇었다. 브리앙도 동생 옆에 무릎 꿇고 머리를 숙였다. 동굴 안은 한동안 술렁거렸다. 하지만 형제들이 걱정하는 것처럼 소년들은 자크를 비난

하지 않았다. 고든이 제일 먼저 다가와 말없이 자크를 안아 주었다. 곧이어 도니펀이 자크에게 소리쳤다.

"자크, 나약한 소리 말아라. 다 지나간 일이야. 임무를 마치고 무사히 내려와서 상황을 알려 줘."

도니펀이 다그치듯이 말했지만 그건 자크를 용서한다는 뜻이라는 걸 모두 알고 있었다. 나머지 소년들도 자크에게 다가와 그동안 얼마나 마음이 힘들었는지 물었고, 지난 일이니 괜찮다며 용서해 주었다.

"고든, 도니펀, 그리고 여러분. 모두 고마워. 선생님, 자크가 탈연을 빨리 만들어 주세요."

옐로우 큐는 형제의 등을 토닥여 주고는 말했다.

"자, 그럼 연을 만들자. 먼저 대나무를 구해야 한다. 피자식물문 외떡잎식물강의 대나무는 전 세계 1,200종이나 있단다. 가운데가 비어 있어서 가볍고 잘 휘어지지. 단단한 대나무는……."

옐로우 큐의 과학 강의가 이어지려는 걸 눈치챈 도니펀이 말을 잘랐다.

"제가 아이들과 대나무를 구해 오겠습니다."

"아잉! 도니펀 학생. 내 말 아직 끝나지 않았어."

"선생님, 지금 한시가 급하잖아요."

서연이 옐로우 큐를 말렸다.

브리앙이 동굴 전체가 울리게 소리쳤다.

"이제부터 연을 만들 것이다. 모두 힘을 합치자."

도니펀 일행은 옐로우 큐가 챙겨 준 톱을 들고 숲속으로 가서 대나무를 잘라 왔다. 상백은 브리앙, 고든과 옐로우 큐의 지시에 따라 연을 만들기 시작했다.

대나무를 길게 반으로 쪼개고, 그걸 다시 반으로 쪼개서 가늘고 긴 대나무 살을 만들었다. 두 개의 살을 십자가 모양으로 겹쳐 가운데를 묶었다. 그 사이에 십자가 모양으로 대나무 살을 덧대서 강한 힘에도 버틸 수 있는 연의 뼈대를 만들었다. 그리고 돛으로 사용했던 천을 덧대고 바느질로 촘촘히 꿰맸다.

드디어 길이가 2m나 되는 대형 연이 완성되었다. 연줄은 돛을 묶었던 밧줄을 이용했다. 시험 삼아 날려 보니 연이 끌어올리는 힘이 굉장했다.

옐로우 큐와 상백의 힘만으로는 연줄을 잡고 버틸 수 없었다. 15 소년 모두가 매달려 끌어당기자 그제야 큰 연이 당겨져 내려왔다.

연은 몸무게가 가벼운 자크 정도는 충분히 올릴 수 있는 힘을 가지고 있었다. 그러나 문제는 연줄을 조절하는 것이었다.

"선생님, 바람이 거세게 불면 연을 놓치는 것 아니에요?"

서연이 걱정스레 말했다.

바람이 지금보다 조금만 강해져도 연줄을 잡고 버티기 힘들 것 같았다. 그럴 경우 연에 탄 자크의 목숨이 위험했다.

"그럴지도 모르지."

"그게 뭐예욧! 대책을 생각하셔야죠!"

"무슨 대책?"

"으이구. **작은 힘을 큰 힘으로 만드는 과학 원리**요."

"과학!"

옐로우 큐 선생님의 눈빛이 매섭게 반짝였다.

"지레, 빗면, 움직도르래, 축바퀴, 톱니바퀴……."

"선생님, 그만! 큰 연을 조절할 수 있는 딱 그 기구만 말씀해 주세요."

"축바퀴!"

"금방 만들 수 있어요?"

"만들다니? 배에서는 원래 축바퀴를 사용하고, 이미 소년들이 동굴에 가져다 놓았던데? 축바퀴는 지름이 다른 두 개의 바퀴가 붙어 있는데, 두 바퀴에 걸리는 일이 같고 일은 힘과 거리의 곱이니까……."

"지금 그런 설명은 머릿속에 들어오지 않아요. 빨리 설치해서 안전한지 시험해 보시죠."

"그래, 축바퀴 강의는 다음에 하지. 그런데 서연 학생, 나 잘한 거야?"

서연은 눈을 찔끔 감고 대답했다.

"그럼요. 선생님이 안 계셨으면 큰일 날 뻔했어요."

그렇게 15 소년의 생존을 위한 연날리기가 시작되었다.

자크는 옐로우 큐가 준 소형 망원경을 목에 걸고 연에 묶은 바구니를 탄 채 바람을 기다렸다.

바람이 불자 자크를 태운 바구니는 연에 끌려서 순식간에 하늘로 올라갔다.

잠시 후 연줄이 팽팽해졌다. 연을 묶은 밧줄은 500m 길이였다. 그러니 자크는 지금 500m 상공을 날고 있는 것이다. 그 정도 높이에서 망원경으로 보면 분명히 꽤 멀리까지 관찰할 수 있을 것이다. 제발 육지를 볼 수 있기를 모두가 한마음으로 기도했다.

한 시간의 비행 후 소년들은 축바퀴를 돌려 연줄을 감았다. 줄은 천천히 연을 잡아당겼다.

무사히 땅으로 내려온 자크는 흥분된 목소리로 말했다.

"동쪽에 산이 있어요. 분명히 산을 보았어요."

브리앙이 달려와 자크의 어깨를 감싸 안았다.

"500m 상공에서 보였다면 30km 정도 떨어진 곳에 육지가 있다는 거야. 도니펀 그곳까지 갈 수 있을까?"

"그 정도 거리라면 뗏목을 타고 갈 수 있어. 그렇지, 모코?"

도니펀의 말에 수습 선원 모코가 고개를 끄덕였다.

"봄이 와야겠지만 바람만 잘 타면 겨우 이틀 안에 닿을 거리죠."

섬을 탈출할 수 있다는 희망에 15 소년의 얼굴이 환하게 빛났다.

그때였다. 옐로우 큐의 옷 주머니에 달려 있던 Q 배지가 강한 빛을 뿜어내기 시작했다.

마지막 생존 강의가 끝나자 Q 배지가 작동한 것이다.

"이제 돌아갈 시간이 되었어. 학생들, 소년들과 마지막 인사를 나눠라."

마지막은 눈물바다였다.

슬아와 상백의 무릎 아래가 벌써 투명해졌다.

서연은 브리앙에게 다가가서 슬아에게 들은 말을 전했다.

"브리앙, 봄이 오면 해적이 나타날 거야."

"해적? 서연이 네가 그걸 어떻게 알아?"

"지금 그게 중요한 게 아니야. 잘 들어, 브리앙. 얼마 후에 이름이 케이트인 아주머니가 나타날 거야. 그분은 좋은 분이셔서 너희를 도울 거야. 그리고 그 뒤에 남자들이 올 거야. 그들 중 에번스 갑판장님 외 다른 남자들은 믿으면 안 돼. 알았지?"

브리앙은 서연이 무슨 말을 하는 건지 몰라 두 눈이 커졌지만, 곧 고개를 끄덕였다. 서연에 대한 브리앙의 신뢰는 그만큼 깊었다.

"그래, 알겠어. 기억해 둘게. 케이트 아줌마와 에번스 갑판장님."

마지막까지 서연은 브리앙의 모습을 놓치지 않았다.

이윽고 옐로우 큐 일행이 강렬한 빛에 둘러싸였고, 몸이 휘어져 공간을 이동하기 시작했다.

"브리앙, 안녕. 15 소년들도 안녕."

옐로우와 친구들,
생존의 방법을 터득하고
친구의 소중함을 깨달은 것 같구나.

이제 대한민국으로 돌아가자.

옐로우 큐의 수업 노트 06

힘을 만드는 과학의 원리

초5-2 물체의 운동, **중3** 운동과 에너지

사람이 타고 있는 커다란 연을 당길 만큼 큰 힘을 내는 도구가 있을까?

아주 큰 힘이 있어야 하지 않을까?

지렛대를 사용하면 작은 힘으로 큰 물체를 들 수 있잖아.

지렛대 같은 도구가 또 있을까?

1. 쏘아 올리는 힘의 과학

1) 작용과 반작용

물체 A가 물체 B에 힘을 가하면 B도 A와 크기가 같고 방향은 반대인 힘이 생기는 것을 말해. 그림처럼 각각의 보트에 탄 남자와 여자가 있어. 남자가 여자의 보트를 밀면 여자의 보트만 뒤로 밀려날 것 같은데, 남자가 탄 보트도 뒤로 밀려가지. 이는 남자가 여자의 보트를 밀 때, 여자의 보트가 같은 크기의 힘으로 남자 보트를 밀었기 때문이야. 이렇게 두 물체에 힘을 작용할 때 항상 함께 작용하는 힘의 원리를 작용과 반작용이라고 해.

상대방에게 힘을 가하면?

상대방뿐 아니라 자신도 움직인다.

2) 총과 대포

대포는 무거운 금속으로 만든 포신에 화약을 넣고 대포알을 넣어. 그리고 화약을 폭발시키면 대포알이 날아가는 거야. 영화에서 대포를 쏘면 포신이 뒤로 밀리지? 화약 폭발로 대포알이 앞으로 나아가지만 그에 대한 반작용으로 포신은 뒤로 밀리는 거야. 마찬가지로 총도 총알을 발사하면 총신은 뒤로 밀려.

3) 로켓

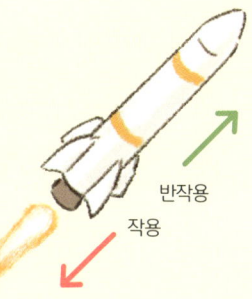

로켓도 작용 반작용의 원리가 적용돼. 우주에는 공기가 없어서 로켓이 앞으로 나아가려면 로켓 뒤쪽에서 불을 내뿜어야 해. 연료가 연소하면서 뜨거운 공기를 뒤로 밀어내는 거지. 로켓이 공기를 뒤로 미는 작용에서 반작용이 생겨나서 로켓이 앞으로 발사되는 거야.

2. 작은 힘으로 큰 힘을 만드는 과학

기구를 이용해 작은 힘으로 큰 힘을 낼 수 있을까? 먼저 그림처럼 빗면을 생각해 보자. 절벽을 직접 기어 올라가는 것과 경사를 올라가는 것 중에 어떤 것이 더 힘들까? 맞아. 직접 올라가는 것이 더 힘들어. 물체를 들어 올리는 것도 마찬가지야. 물체를 위로 들어 올리는 것보다 빗면으로 이동시키는 것이 힘이 적게 들어.

하지만 힘에는 이득이 있을지 몰라도 이동 거리에서는 다르지. 직접 들어 올리는 것은 거리가 짧지만, 빗면의 이동 거리는 길어. 결국 두 경우 같은 일을 한 거야. 힘에 이득이 있는 도구는 어떤 것이 있을까?

1) 지렛대

지렛대를 이용하면 작은 힘으로도 무거운 물건을 들어 올릴 수 있어. 하지만 이동 거리를 생각해 봐. 지렛대 끝을 많이 움직여야 물건을 조금 움직일 수 있어. 전체 일은 같기 때문이지.

지렛대의 원리

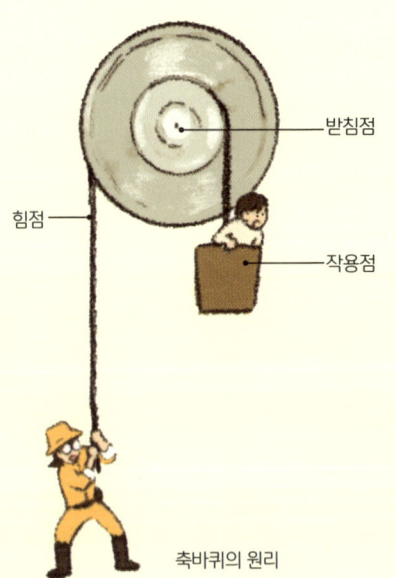

축바퀴의 원리

2) 축바퀴

축바퀴는 큰 바퀴와 작은 바퀴가 붙어 있어서 동시에 움직여. 보통 물체는 작은 바퀴 쪽에, 잡아당기는 줄은 큰 바퀴 쪽에 연결해. 큰 바퀴를 한 바퀴 돌리면 작은 바퀴도 한 바퀴 돌아. 큰 바퀴를 돌리는 작은 힘으로도 작은 바퀴에 매달린 물체를 끌어 올릴 수 있어.

3. 하늘을 나는 힘의 과학

1) 양력의 원리

양력은 비행기나 새의 날개에 작용해 하늘을 날 수 있게 하는 힘이야. 공중에 있는 물체는 중력 때문에 땅으로 떨어지지. 하지만 비행기 날개처럼 구부러진 모양의 물체가 공기 사이를 빠르게 움직일 때, 날개 위쪽으로 향하는 힘인 양력이 발생해. 속도가 빠를수록 양력은 커져.

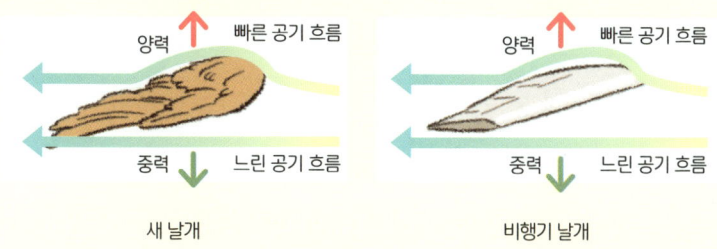

새 날개 / 비행기 날개

비행기 날개를 보면 새의 날개처럼 구부러진 모양이야. 이런 구조는 위쪽과 아래쪽 공기의 흐름 속도를 다르게 만들어. 위쪽으로 흐르는 공기가 아래쪽으로 흐르는 공기보다 빨라지지. 이때 날개 위쪽 압력이 아래쪽보다 작아지면서 위로 향하는 힘인 양력이 발생하는 거야.

2) 연이 나는 원리

먼저 연이 날아가는 원리를 생각해 보자. 연은 바람의 힘으로 날아. 바람이 연을 때리지만, 줄이 고정하고 있어서 중력에 대항하는 힘인 양력이 생기지. 연을 때리는 바람의 힘이 셀수록, 바람이 때리는 면적이 클수록 큰 양력이 생겨. 그래서 연의 면적을 크게 만든다면 사람을 태울 수도 있는 거야.

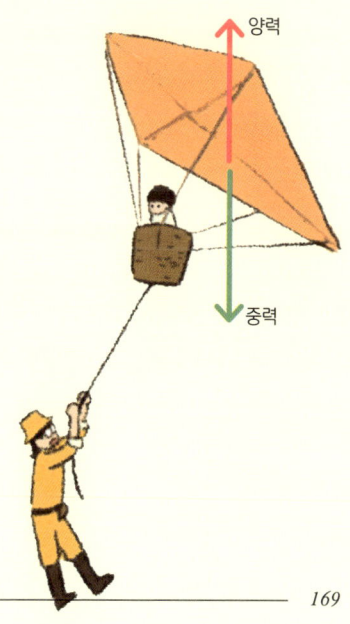

이야기를 마치며 생존, 이제 자신 있어

"드디어 돌아왔어!"

서연은 박물관 홀에 걸린 〈특별 기획전, 무인도 생존과학의 비밀〉 현수막을 올려다보며 감격스럽게 중얼거렸다. 마침내 기나긴 무인도 생존 미션을 완수하고 21세기 대한민국의 과학박물관으로 돌아온 것이다. 가까이에서 옐로우 큐와 상백, 슬아가 서로 얼싸안고 눈물을 흘리고 있었다.

체스터섬에서 생존의 시간을 보내던 때, 아이들의 옷은 해지고 낡았었다. 씻지 못해서 얼굴이 꾀죄죄하고 머리도 산발이었다. 그런데 지금은 옷도 신발도 원래 거였다. 주머니에 스마트폰도 그대로였다. 긴 꿈을 꾼 것 같았다.

상백이 멍한 표정으로 말했다.

"우리 꿈꾼 건가요?"

옐로우 큐가 상백에게 다가가 볼을 꼬집었다.

"악, 왜 그러세요?"

"꿈이 아닌 걸 증명하고 있었네."

"으이구, 괴짜 선생님."

상백의 말에 모두 웃었다.

"무인도 생존 과학 전시를 안내할 봉사자를 찾고 있었는데 자네들 어떻게 생각하나?"

마상백이 주먹을 불끈 쥐었다.

"가능합니다. 우리는 직접 체험까지 한 고급 인력이지 않습니까?"

"저희도 할 수 있어요."

슬아와 서연도 손을 번쩍 들었다.

이제 생존이라면 자신 있었다. 무엇보다 생존의 시간을 함께 보낸 친구들과 함께하는 게 좋았다.

〰〰〰

〈무인도 생존과학의 비밀〉 기획전이 성공적으로 끝났다.

서연은 학교를 마치고 상백과 슬아와 함께 옐로우 큐를 찾아갔다.

옐로우 큐는 정리가 안 된 어수선한 사무실에서 책을 읽고 있었다.

"오, 너희들 왔구나!"

상백이 옐로우 큐에게 너스레를 떨었다.

"선생님, 우리 때문에 감사패도 받고 출세하셨네요."

이번 기획전이 학생들에게 유익한 체험과 봉사의 기회가 되었다며 시장님이 옐로우 큐에게 감사패를 준 것이다.

"하하하, 그런가? 난 역시 훌륭한 선생님이야~."

에휴, 생각지 못한 반응이라니! 역시 옐로우 큐는 이상한 선생님이다. 하지만 미워할 수 없는 캐릭터다. 아니다. 두 번의 시간 여행을 마친 지금, 서연은 선생님이 좋았다. 정도 많이 들었다.

서연이 옐로우 큐에게 물었다.

"선생님, 무슨 책 읽고 계셨어요?"

선생님은 책 표지를 아이들에게 보였다. 거기에는 『지구에서 달까지』라고 적혀 있었다.

"헉, 선생님. 이제 달나라 여행까지 하시려는 거예요?"

"잉? 난 그냥 읽은 건데. 우리 진짜 달나라 여행할 수 있는 거야?"

옐로우 큐는 주머니에서 Q 배지를 꺼내 높이 들었다.

"으악, 도망가자!"

"이제 여행은 그만!"

"살려줘~. 선생님 혼자 가세요."

 세 아이는 소리치며 사무실 밖으로 뛰어나갔다.

고전 명작 《15소년 표류기》
소년들의 협동, 인내, 성장을 보여주는 무인도 생존기

    서연, 상백, 슬아 그리고 옐로우 큐가 표류하여 15 소년과 만난 체어맨 섬은 프랑스 작가 쥘 베른이 1888년에 발표한 《15소년 표류기》에 나오는 소년들의 모험기야.

    쥘 베른이라는 작가는 지난번 《옐로우 큐의 살아있는 해양박물관》, 《탈출! 노틸러스호》에서도 소개했는데, 쥘 베른은 위대한 프랑스인 15위에 오를 정도로 프랑스인에게 사랑받는 작가야. SF 선구자로 꿈과 희망을 주는 많은 소설을 창작했기 때문일 거야.

    《15소년 표류기》는 열다섯 명의 소년들이 무인도에 표류하여 2년간 어른들의 도움 없이 생존해 가는 내용이야. 재미있는 모험 소설이지만, 사실 당시 시대상을 많이 반영한 소설이기도 해. 지도자로 나오는 도니펀, 브리앙, 고든은 각각 영국인, 프랑스인, 미국인으로 각 나라의 대표적인 성향이 드러나는 인물로 묘사되어 있지.

어린 친구들의 모험 이야기를 따라가다 보면 친구들을 응원하게 되고, 그들의 용기와 희생, 협동에 감동하게 될 거야.

우리 이야기는 15 소년이 표류하고 1년이 지난 시점이야. 옐로우 큐와 친구들은 박물관에서 소년들의 모험지인 체스터섬으로 이동해. 당장 생존을 위해서는 이곳이 어디인지 알아내야 하고, 의식주를 직접 해결해야 하지. 여기서 옐로우 큐의 과학 지식이 생존에 핵심 요소가 돼. 우리도 열심히 과학을 공부해 보자. 분명 과학 지식이 살아가는 데 도움을 줄 거야.

친구들의 모험에 감동했니?

꼭 쥘 베른의 원작인 《15소년 표류기》도 읽어 보고, 소년들의 용기와 노력을 배워 볼래?

옐로우 큐의 편지

무인도에서 살아남기 위해 했던 모험들이 생각나네요. 불을 피우기 위해 열심히 나무를 비볐던 일, 한겨울 식량을 구하기 위해 바다에 그물을 친 일, 그리고 사람을 태워 날릴 수 있는 대형 연을 만들었던 일 등이 모두 생생히 기억나요.

무인도에서 살아남기 위해 했던 모험에는 중요한 과학 원리가 적용되었어요. 과학 원리를 알면 무인도에서 살아남을 수 있을 뿐만 아니라 생활하는 데 많은 도움을 얻을 수 있어요.

나는 여러분이 《옐로우 큐의 살아있는 생존 박물관》을 읽고, 15 소년과 친구들처럼 어려움을 이겨내고 남을 돕는 사람이 되었으면 좋겠습니다. 현대에 그런 사람이 되기 어렵다고요? 다른 의미로 생각해 볼까요? 과학자가 되면 우리는 인류를 구할 수 있는 사람이

될 수 있어요. 적은 비용의 질병 치료약을 개발할 수도 있고, 한 알로 물을 정수할 수 있는 알약도 개발할 수 있죠. 어때요? 멋진 일이죠?

자, 그것을 위해 여러분이 지금 할 수 있는 일은 학교에서의 과학 공부를 소홀히 하지 않고, 책을 많이 읽는 거랍니다.

저는 또 다른 여행을 준비하고 있답니다. 그때도 여러분과 함께하고 싶군요. 그럼 다음에 만나요!

이미지 출처
* 이 책에 쓴 사진은 저작권자의 허가를 받아 게재한 것입니다.
* 저작권자를 찾지 못하여 게재 허가를 받지 못한 사진은 저작권자를 확인하는 대로 허가를 받고, 출판사 통상 기준에 따라 사용료를 지불하겠습니다.

옐로우 큐의 살아있는 박물관 시리즈

생존 박물관

1판 1쇄 발행 2022년 04월 25일
1판 2쇄 발행 2024년 05월 25일

글 윤자영 | 그림 해마
발행인 전연휘 | **기획·편집** 전연휘 | **디자인** 박진희
교정·교열 김수경 | **영업·마케팅** 양경희, 노헤이

발행처 안녕로빈
출판등록 2018년 3월 20일 (제 2018-000022 호)
주소 서울특별시 광진구 아차산로69길 29 1108-206
전화 02 458 7307
팩스 02 6442 7347
@hellorobin_books
hellorobin.co.kr
blog.naver.com/hellorobin_
robinbooks@naver.com

글, 그림, 기획 © 윤자영, 해마, 안녕로빈 2022
ISBN 979-11-91942-03-3
ISBN 979-11-965652-7-5 (세트)